Die Offenbarung

Der Zukunft entgegensehen

BRUNNEN
Verlag GmbH · Giessen

Titel der amerikanischen Originalausgabe: Revelation. Looking at the end of Time

Übersetzung aus dem Amerikanischen: Frank Grundmüller
Redaktion: Rolf Weinreich

10. Auflage 2025

Gottlieb-Daimler-Str. 22, 35398 Gießen
www.brunnen-verlag.de; info@brunnen-verlag.de

Umschlagmotiv: shutterstock
Satz: Uhl + Massopust, Aalen
Gedruckt in Europa
ISBN 978-3-7655-0824-0

www.brunnen-verlag.de

Inhalt

Verzeichnis der Abkürzungen

Altes Testament

1 Mo	Das erste Buch Mose
2 Mo	Das zweite Buch Mose
3 Mo	Das dritte Buch Mose
4 Mo	Das vierte Buch Mose
5 Mo	Das fünfte Buch Mose
Jos	Das Buch Josua
Ri	Das Buch über die Richter
Ruth	Das Buch Ruth
1 Sam	Das erste Buch Samuel
2 Sam	Das zweite Buch Samuel
1 Kön	Das erste Buch über die Könige
2 Kön	Das zweite Buch über die Könige
1 Chr	Das erste Buch der Chronik
2 Chr	Das zweite Buch der Chronik
Esra	Das Buch Esra
Neh	Das Buch Nehemia
Est	Das Buch Esther
Hiob	Das Buch Hiob
Ps	Die Psalmen
Spr	Die Sammlung der Sprüche
Pred	Der Prediger Salomo
Hld	Das Hohelied
Jes	Der Prophet Jesaja
Jer	Der Prophet Jeremia
Klgl	Die Klagelieder
Hes	Der Prophet Hesekiel
Dan	Der Prophet Daniel
Hos	Der Prophet Hosea
Joel	Der Prophet Joel
Am	Der Prophet Amos
Ob	Der Prophet Obadja
Jona	Der Prophet Jona
Mi	Der Prophet Micha
Nah	Der Prophet Nahum
Hab	Der Prophet Habakuk
Zef	Der Prophet Zefanja
Hag	Der Prophet Haggai
Sach	Der Prophet Sacharja
Mal	Der Prophet Maleachi

Neues Testament

Mt	Das Evangelium nach Matthäus
Mk	Das Evangelium nach Markus
Lk	Das Evangelium nach Lukas
Joh	Das Evangelium nach Johannes
Apg	Die Apostelgeschichte
Röm	Der Brief des Paulus an die Christen in Rom
1 Kor	Der erste Brief des Paulus an die Christen in Korinth
2 Kor	Der zweite Brief des Paulus an die Christen in Korinth
Gal	Der Brief des Paulus an die Christen in Galatien
Eph	Der Brief des Paulus an die Christen in Ephesus
Phil	Der Brief des Paulus an die Christen in Philippi
Kol	Der Brief des Paulus an die Christen in Kolossä
1 Thess	Der erste Brief des Paulus an die Christen in Thessalonich
2 Thess	Der zweite Brief des Paulus an die Christen in Thessalonich
1 Tim	Der erste Brief des Paulus an Timotheus
2 Tim	Der zweite Brief des Paulus an Timotheus
Tit	Der Brief des Paulus an Titus
Phlm	Der Brief des Paulus an Philemon
Hebr	Der Brief an die Hebräer
Jak	Der Brief des Jakobus
1 Petr	Der erste Brief des Petrus
2 Petr	Der zweite Brief des Petrus
1 Joh	Der erste Brief des Johannes
2 Joh	Der zweite Brief des Johannes
3 Joh	Der dritte Brief des Johannes
Jud	Der Brief des Judas
Offb	Die Offenbarung an Johannes

Fragen zu diesem Kurs

Zielsetzung

1. Worum geht es in diesem Kurs? Um drei Ziele, die alle gleich wichtig sind.

a. Nahrung für die Seele. – „Der Mensch lebt nicht vom Brot allein, sondern von dem Wort, das Gott spricht." In seinem Wort stellt Gott sich uns vor. Hier können wir ihn kennenlernen. Wer mehr über Gott und den christlichen Glauben erfahren will, muss sich mit der Bibel beschäftigen. Wer als Christ im Glauben wachsen will, muss sich aus dem Wort Gottes „ernähren".

b. Gemeinschaft – Im Gespräch über Glaubensfragen und Lebenserfahrungen kommen wir einander näher und können zu einer Gemeinschaft zusammenwachsen, in der man sich im Alltag und im Glauben gegenseitig trägt und unterstützt.

c. Wachstum – Dieser Kurs wendet sich auch an Menschen, die bisher mit dem christlichen Glauben noch wenig in Berührung gekommen sind. Wenn Sie immer wieder andere zu Ihren Treffen einladen, kann die Gruppe wachsen, bis eine Teilung nötig wird. Beide neuen Kreise sollen ebenso wachsen, bis sie zu groß sind und sich teilen – und so weiter.

Teilnehmer

2. Für wen soll dieser Gesprächskreis sein?

- Für Menschen, die Fragen an das Leben haben und wissen möchten, ob der christliche Glaube ihnen weiterhelfen kann.
- Für Menschen, die sich – neu oder wieder – intensiver mit dem christlichen Glauben beschäftigen wollen.
- Für Menschen, denen Kirche und Glauben fremd geworden sind, die aber nach einem neuen Zugang zum Glauben suchen.
- Für Christen, die die Bibel besser kennenlernen und tiefer verstehen wollen.
- Für Menschen, die im Gespräch über Glaubensfragen und im Gebet füreinander in ihrem Glauben wachsen möchten.
- Für Menschen, die mit Schwierigkeiten und Problemen zu kämpfen haben und eine Gruppe suchen, die Unterstützung und Zusammenhalt bieten kann.

Der erste Schritt

3. Wie sollen wir anfangen? Machen Sie sich eine Liste mit den Namen, die Ihnen jetzt als mögliche Teilnehmer einfallen. Hängen Sie die Liste an einen Platz, an dem Ihr Blick immer wieder einmal darauf fällt. Lassen Sie sie dort, bis Sie alle, die Sie auf Ihrer Liste notiert haben, gefragt haben, ob sie Interesse an einem solchen Gesprächskreis haben.

Das erste Treffen

4. Was geschieht beim ersten Treffen? Sie lernen einander als neue Gruppe kennen bzw. begrüßen neue Mitglieder, wenn Ihre Gruppe schon länger besteht. Sie sprechen über Ihre Erwartungen an diesen Kurs und vereinbaren „Spielregeln", die in der Gruppe gelten sollen.

Spielregeln

5. Wie entsteht die Vereinbarung über die Spielregeln? Sprechen Sie über die nachfolgenden Fragen und notieren Sie die Punkte, bei denen Sie Einigung erzielen. So können Sie am Ende des Kurses gut beurteilen, ob Sie Ihre Ziele erreicht haben.

- Was ist der Zweck Ihrer Treffen?
- Wie oft wollen Sie sich treffen? (Dieser Kurs bietet Ihnen Gesprächsanregungen für 13 bzw. 26 Treffen. Wenn Sie sich danach weiterhin treffen wollen, verlängern Sie einfach Ihre Abmachung.)
- Wo wollen Sie sich treffen?
- Um welche Uhrzeit sollen die Treffen beginnen und wie lange sollen sie dauern?
- Welchen Rahmen wollen Sie Ihren Treffen geben? Soll es Getränke und etwas zum Knabbern geben? Wer ist dafür zuständig?

Hilfreich ist es, wenn Sie außerdem **Regeln für das Gespräch in der Gruppe** vereinbaren. Dazu könnten folgende Vereinbarungen gehören:

- Was in diesem Kreis gesagt wird, ist vertraulich und wird nicht nach außen getragen.
- Wir reden nicht übereinander, sondern miteinander.
- Gesprächsbeiträge werden nicht bewertet; jeder Teilnehmer wird mit seiner Meinung ernst genommen.
- Es gibt keine „unmöglichen“ Positionen. Wenn es Meinungsunterschiede gibt, begründet jeder seine eigene Sicht.

- ______________________________

____

____

____

Sie können ergänzen, was Ihnen sonst noch für Ihre Gruppe wichtig zu sein scheint.

Zeitlicher Rahmen

6. Wie lange dauert ein Treffen? Die Mindestzeitangaben für die einzelnen Bausteine des Treffens sind für Gruppen gedacht, die nur eine Stunde zusammen sein können. Wenn Sie mehr Zeit zur Verfügung haben, verlängern Sie die Zeiten einfach entsprechend.

7. Warum verabreden Sie sich zunächst nur für eine bestimmte Anzahl von Treffen? Weil es leichter ist, sich für einen überschaubaren Zeitraum für eine Sache zu entscheiden und sie wirklich durchzuhalten, als eine Verpflichtung auf unbestimmte Zeit einzugehen. Wenn Sie nach Abschluss des Kurses weiter als Gruppe zusammenbleiben wollen – umso besser.

Gesprächsinhalt

8. Was wird bei den Treffen besprochen? In diesem Kurs geht es um das letzte Buch der Bibel – die Offenbarung des Johannes. Trotz ihrer fremdartigen und oft erschreckenden Bilderwelt ist die Offenbarung ein Hoffnungsbuch. Sie bezeugt einer bedrängten und verfolgten Gemeinde, dass Christus der Herr ist und einmal allem Leid und allem Unrecht dieser Welt ein Ende machen wird.

Sie haben die Möglichkeit, sich für zwei Wege zu entscheiden: entweder für eine kürzere Dauer des Kurses (13 Wochen), indem Sie bei jedem Treffen zwei Einheiten durcharbeiten, oder für einen längeren Zeitraum (26 Wochen), indem Sie bei jedem Treffen nur eine Einheit durchsprechen.

Vielleicht möchten Sie auch ein zusätzliches Treffen einplanen, in dem Sie sich gemeinsam mit den Spielregeln für diese Gruppe und mit der Einführung zur Offenbarung beschäftigen.

Bibelkenntnis

9. Und wenn jemand in der Gruppe wenig von der Bibel weiß? Prima! Dafür ist die Gruppe ja da. Die Erläuterungen geben Ihnen Hinweise zum Verständnis größerer Zusammenhänge, einzelner Ausdrücke, geschichtlicher Hintergründe oder wichtiger Personen im Text. Greifen Sie immer dann auf die Erläuterungen zurück, wenn der Sinn des Textes sich nicht von selbst erschließt.

Bibel dabeihaben. Die Texte, auf die sich dieses Heft bezieht, sind in den einzelnen Einheiten abgedruckt. Weil aber auch immer wieder einmal auf weitere biblische Zusammenhänge verwiesen wird, ist es gut, wenn die Teilnehmer auch eine Vollbibel dabeihaben, um entsprechende Stellen nachschlagen zu können.

„Hausaufgaben"

10. Was muss ich sonst noch tun? Nichts, wenn Sie nicht wollen. Aber Sie können über das hinausgehen, was in der Gruppe besprochen wird. Nicht immer werden Sie alle *Erläuterungen* gemeinsam in der Gruppe lesen und diskutieren können. Wenn Sie die Zusatzinformation voll ausschöpfen möchten, haben Sie dafür zwei Möglichkeiten:

- Lesen Sie Text und Erläuterungen vorbereitend zu Hause. Oder:
- Lesen Sie den Text noch einmal im Zusammenhang und nehmen Sie sich Zeit, die Erläuterungen zu studieren.

Der Traum

11. Der Traum, der dahintersteckt: Menschen treffen sich und wachsen zu einer tragfähigen Gemeinschaft zusammen, in der jeder eine Heimat findet und in seinen Freuden und Schwierigkeiten angenommen ist. Menschen kommen zusammen, reden über ihr Leben und ihren Glauben und begegnen der Bibel – egal ob sie Kirchenmitglieder sind, vom Glauben bisher viel oder wenig wissen, ob sie Christen sind oder nicht.

„Serendipity"

12. Was heißt Serendipity? „Die Gabe, zufällig glückliche Entdeckungen zu machen." Genau darum geht es beim Kursmaterial „Serendipity bibel": Menschen kommen ins Gespräch über das Leben und den Glauben, tauschen Erfahrungen aus, setzen sich mit Fragen nach Gott und der Welt, nach Glauben und Bibel auseinander und machen dabei – möglicherweise sogar ganz unvermutet – wertvolle Entdeckungen für ihr Leben.

Hinweise für Gruppenleiter

13. Weitergehen. Weitere Kurshefte zu vielen biblischen Themen finden Sie auf unserer Homepage:
https://www.brunnen-verlag.de/serendipity

Wie verläuft ein Treffen?

Jedes Treffen besteht aus drei Teilen:

Einstieg
(15–20 Minuten)

Der **Einstieg** bietet Hilfen an, um sich untereinander kennenzulernen und ins Gespräch zu kommen. Die Impulse in diesem Teil zielen darauf ab, mehr voneinander zu erfahren, damit gute Beziehungen untereinander wachsen können.

Bibelgespräch
(30–40 Minuten)

Lesen Sie den **Bibeltext** zunächst gemeinsam. Die **Fragen** in diesem Teil beziehen sich auf den Bibeltext. Sie helfen, ihn zu erschließen, und geben Ihnen einen Leitfaden für Ihr Gespräch. Greifen Sie immer dann auf die **Erläuterungen** zurück, wenn der Sinn des Textes sich nicht von selbst erschließt.

Sie werden vielleicht nicht alle Fragen in der zur Verfügung stehenden Zeit ansprechen können. Wählen Sie dann einfach die aus, die Ihrer Gruppe am wichtigsten erscheinen.

Wenn Ihre Gruppe recht groß ist, können Sie auch überlegen, ob Sie sich für das Bibelgespräch – immer oder hin und wieder – in kleinere Gruppen (etwa zu viert) aufteilen. Das gibt jedem Einzelnen die Möglichkeit, häufiger zu Wort zu kommen.

Wichtig: Zu manchen Fragen möchten Sie sich vielleicht nicht in der Gruppe äußern. Geben Sie aber Ihre Antwort für sich persönlich. Natürlich hat jeder die Freiheit, nur das mitzuteilen, was er wirklich möchte.

Austausch und Gebet
(15–30 Minuten)

Hier ist Gelegenheit, den Text noch einmal ganz persönlich auf sich wirken zu lassen und, wenn Sie möchten, persönliche Anliegen anzusprechen. Dieser **Austausch** und das gemeinsame **Gebet** füreinander dienen ganz entscheidend dem Zusammenwachsen und dem Aufbau einer tragfähigen Gemeinschaft.

Beenden Sie Ihr Treffen mit einem gemeinsamen Gebet, wenn alle damit einverstanden sind. Wenn Ihre Gruppe keine Erfahrung mit dem gemeinsamen Gebet hat, kann auch die Gesprächsleiterin oder ein Teilnehmer ein abschließendes Gebet sprechen.

Einführung in die Offenbarung des Johannes

Die apokalyptische Literatur

Die Offenbarung des Johannes ist ein außergewöhnliches Buch. Sie ist das einzige apokalyptische Buch im Neuen Testament. Das ist ungewöhnlich, denn im Zeitraum zwischen dem Abschluss des Alten Testaments und den ersten Schriften des Neuen Testaments war die apokalyptische Literatur eine sehr verbreitete Form religiösen Schrifttums im Judentum.

Das Herz der apokalyptischen Literatur ist die Hoffnung. Die Hoffnung, dass Gott die Ungerechten richtet und die Gerechten rettet. Die Juden lebten in der Gewissheit, Gottes auserwähltes Volk zu sein; aber lange Zeit wurden sie von fremden Völkern beherrscht, die andere religiöse Überzeugungen vertraten. Deshalb wuchs unter den Juden die Sehnsucht nach dem großen Tag, an dem Gott in die Geschichte eingreifen und sein Versprechen erfüllen würde, sein auserwähltes Volk von allen Unterdrückern zu befreien. Dieses Verlangen drückte sich insbesondere in der sogenannten Apokalyptik aus. Das Wort *apokalypsis* ist griechisch und bedeutet Offenbarung. Die apokalyptischen Schriften sollen dem Leser vor Augen führen, dass Gott in dieser Welt gegen alle Widerstände zu seinem Ziel kommen wird.

Die apokalyptische Literatur beschreibt Gottes Wirken in dieser Welt. Sie zeigt auf, wie er in die Weltgeschichte eingreift, alte Herrschaftsstrukturen vernichtet und letzten Endes sein Reich aufrichtet. Dabei verwendet sie häufig eine sehr fremdartige Bilderwelt. Es gibt darin lebhafte Beschreibungen schrecklicher Bestrafungen, jenseitiger Orte und übernatürlicher Wesen. Die zukünftig erwarteten Ereignisse sind beispiellos und von bis dahin nicht gekannter Qualität; daher können sie nur in Andeutungen und geheimnisvollen Bildern beschrieben werden. Die daraus resultierende rätselhafte Ausdrucksweise wird noch dadurch verstärkt, dass man ihre Bedeutung geheim halten wollte. Fielen diese Werke den Besatzern in die Hände, denen die Texte ja schreckliche Strafen androhen, würden sie mit Sicherheit als aufrührerisches Material angesehen. Ihren Schreibern drohte dann Gefängnis oder Schlimmeres. Die apokalyptischen Bilder sind also eine Art Chiffrensprache, die nur diejenigen verstehen konnten, die vom Autor einen Schlüssel zum Verständnis erhalten hatten. Für alle anderen ist ihr Inhalt unbegreiflich. Aus diesem Grunde haben wir heute ebenfalls Schwierigkeiten, apokalyptische Schriften zu verstehen. An vielen Stellen ist der Schlüssel zu ihrem Verständnis verloren gegangen.

Das Weltbild der Apokalyptiker

Grundlegend sowohl für die jüdische wie auch die christliche apokalyptische Literatur ist die Vorstellung, dass die Geschichte in zwei große Abschnitte zerfällt. Zum einen die gegenwärtige Zeit, die als böse und verdorben dargestellt wird und die der Zerstörung entgegengeht. Zum anderen die kommende Zeit, die von der gnädigen Gegenwart Gottes und seinen gewaltigen Taten gekennzeichnet sein wird. Der zentrale Wendepunkt der Geschichte ist der „Tag des Herrn". Er wird immer wieder von den Autoren beschrieben. An diesem Tag wird – so die Vorstellung – die gegenwärtige Weltzeit von einem neuen Zeitalter (auch Äon genannt) abgelöst.

Die Christen verstanden unter diesem Tag die Wiederkunft Jesu – sein zweites Kommen auf diese Erde. Jesus hatte mit seinem ersten Kommen und Wirken in dieser Welt Ereignisse in Gang gesetzt, die zum Ende dieser Zeit führen. Bei seinem zweiten Kommen würde er nicht als verletzliches Kind erscheinen, sondern als starker Herrscher, vor dem sich die gesamte Schöpfung beugen muss. Bis dahin jedoch leben die Christen in einer Art Zwischenzeit. Jesus hat den endgültigen Sieg zwar bereits am Kreuz errungen; der Satan ist besiegt. Aber dieser Sieg ist zunächst wie ein Keim in diese Welt hineingelegt, der erst noch – allen widergöttlichen Strukturen zum Trotz – Gestalt annehmen muss und wird.

Es ist auffällig, wie sehr sich manche Aussagen in der jüdischen und der christlichen apokalyptischen Literatur ähneln. Abgesehen von der offensichtlichen Unterscheidung in der Beurteilung der Person Jesu, finden sich viele gemeinsame Grundzüge, von denen die wichtigsten im Folgenden genannt werden sollen.

- Dem Messias kommt eine zentrale Rolle am Tag des Herrn zu.
- Der Beginn des neuen Zeitalters wird angekündigt durch eine schreckliche Zeit voller Kriege, Hungersnöte und sonstiger Katastrophen. Die Ordnungen, die Leben und menschliches Miteinander möglich machen, werden sich auflösen.
- Am Tag des Herrn wird umfassend und endgültig Gericht gesprochen.
- Nach diesem Gericht wird eine Zeit des Friedens und der Freude anbrechen. Aus dem Himmel kommt ein neues Jerusalem auf die Erde. Die Toten werden auferstehen und der Messias wird die Welt regieren.

Das Wesen der Offenbarung

Die Apokalypse, wie Johannes sie uns hinterlassen hat, ist fremdartig und oft schwer zu deuten. Ihre Welt ist so weit von der unseren entfernt, dass man kaum weiß, wo man ansetzen soll, um sie zu verstehen. Es ist eine Welt voller seltsamer Tiere, die an Fabelwesen erinnern. Eine Welt mit Siegeln, Trompeten und Schalen, die Katastrophen bringen. Eine Welt, die von Engeln und Dämonen bevölkert ist, von Löwen und Lämmern, Pferden und Drachen.

Die Schwierigkeiten mit diesem Bilderreichtum der Offenbarung führten und führen oft dazu, dass sie ignoriert wird oder dass man ihr mit Ratlosigkeit oder gar Skepsis begegnet. Dieser Umstand wird noch durch die Tatsache verstärkt, dass die Offenbarung des Johannes in der Auslegungsgeschichte immer wieder eine Spielwiese für religiöse Exzentriker wurde. Manch wirrer Gedanke wurde schon aus der Offenbarung herausgelesen und dann als Kundgabe des Heiligen Geistes verkauft.

Man muss sich der Offenbarung mit Demut und Vorsicht nähern. Es ist gefährlich und unverantwortlich, ganze theologische Systeme auf Einzelaussagen der Offenbarung zu stützen. Was dieses Buch sicher nicht bietet, ist ein genauer Fahrplan, an dem man das Ende der Welt ablesen könnte. Viel eher müssen wir uns als Leser im Gebet und mit Geduld um das Verständnis des Textes mühen.

Die Offenbarung ist in einem volkstümlichen Griechisch geschrieben, was einige Ausleger darauf zurückführen, dass der Schreiber nicht ursprünglich dem griechischen Sprachraum entstammte, aber für seine Adressaten in Griechisch schreiben musste. Andere weisen darauf hin, dass Johannes die Sprache bis an die Grenzen des grammatisch Vertretbaren beansprucht haben könnte, um wenigstens annähernd die unvergleichlichen Ereignisse zu beschreiben, die er gesehen hat.

Verfasser

Obwohl der Verfasser sich nur schlicht als „Johannes“ bezeichnet (1,4), ging man in der frühen Kirche davon aus, dass es sich um niemand Geringeren als um den Apostel Johannes handele. In der Tat ist die einfache Bezeichnung an sich ein Hinweis darauf, dass der Apostel der Schreiber sein könnte. Üblicherweise wurden apokalyptische Texte anonym verfasst und einem berühmten Glaubenshelden der ferneren Vergangenheit zugeschrieben (z. B. Abraham, Esra, Henoch oder Baruch). Ein Vergleich der Offenbarung mit dem Evangelium und den drei Briefen des Johannes zeigt erstaunliche Übereinstimmungen in der Vorstellungswelt, der theologischen Ausrichtung und der Sprache, die es nahelegen, tatsächlich Johannes als Verfasser der Offenbarung anzunehmen.

Johannes schrieb den Text auf der Insel Patmos im Ägäischen Meer, wohin er wegen seines Bekenntnisses zu Jesus Christus verbannt worden war. Die Tradition berichtet, dass er von Patmos freikam und die letzte Zeit seines langen Lebens in Ephesus verbrachte.

Zeit der Abfassung

Die meisten Ausleger sind der Ansicht, die Offenbarung sei gegen Ende der Herrschaft des Kaisers Domitian (um 90–95 n. Chr.) geschrieben worden. Auch Irenäus, Bischof von Lyon im 2. Jahrhundert, geht von diesem Zeitpunkt aus. Diese zeitliche Einordnung ist aber nicht eindeutig. Es wurden auch Belege gefunden, die für eine Abfassung in den letzten Regierungsjahren Kaiser Neros (zwischen 65 und 68 n. Chr.) sprechen oder in der Zeit der Herrschaft Vespasians (69–79 n. Chr.).

Adressaten

Die Offenbarung des Johannes ist an sieben Gemeinden im westlichen Teil der römischen Provinz Asia gerichtet (vgl. Karte auf S. 13). Die Reihenfolge, in der die Gemeinden angesprochen werden, ist die Abfolge, in der ein Bote von Patmos aus sie erreichen würde, wenn er der großen römischen Ringstraße folgte, die die Städte miteinander verband.

Inhalt

Rom wird zwar im Buch der Offenbarung nicht ausdrücklich genannt, ist aber ein zentrales Thema und erscheint ausschließlich in einem negativen Licht. Rom wird als „Hure“ bezeichnet, die trunken ist vom Blut der Christen (Offb 17,5-6) und darum der Vernichtung entgegengeht. Zwar hatte der römische Staat die Christen in den ersten Jahren relativ wohlwollend behandelt, und die Apostel mahnten die Gemeinden dazu, sich der Autorität Roms unterzuordnen (Röm 13,1-7; 1 Petr 2,13-17); jedoch änderte sich das Verhältnis in kurzer Zeit. Der Grund dafür lag im stärker werdenden Kaiserkult. Obwohl die römischen Herrscher schon lange Zeit als göttlich verehrt wurden, bauten sie ihre zentrale Stellung in der römischen Staatsreligion erst gegen Ende des 1. Jahrhunderts aus. Es wurde jedem römischen Bürger zur Pflicht gemacht, einmal im Jahr vor einem Staatsbeamten zu erscheinen, ein Weihrauchopfer zu bringen und zu bekennen: „Cäsar ist Herr." Es ging dabei anfänglich um die Loyalität gegenüber der römischen Staatsgewalt und weniger um ein religiöses Glaubensbekenntnis. Dennoch konnten sich Christen nicht überwinden, jemand anderen als Jesus in dieser Weise „Herr" (griech. *kyrios)* zu nennen. Daraufhin wurden sie von den Behörden erbarmungslos verfolgt. In diese Situation hinein spricht die Offenbarung. Sie versucht, die Christen durch einen Blick auf die Zukunft zu ermutigen. Auch wenn sie leiden müssen, weil der römische Herrscher beansprucht, „Herr" zu sein, so liegen doch unvorstellbare Herrlichkeit und Ehre vor ihnen, wenn Jesus, der wahre Kyrios, in all seiner Macht wiederkommen würde. Diese Hoffnung gab den Christen Kraft, die Verfolgungen durchzustehen.

Aufbau der Offenbarung

Johannes beginnt mit der Beschreibung der Vision, die dem Buch der Offenbarung zugrunde liegt (Kap. 1). Die Kapitel 2 und 3 enthalten Botschaften, die speziell für die sieben Gemeinden in der Provinz Asia bestimmt waren. Die Vision in Kapitel 4 und 5 beschreibt Gott und Christus. Kapitel 6 bis 19 beschreiben verschiedene Gerichtsplagen. Das Buch schließt mit einer Vision des kommenden Königreiches Gottes (Kap. 20 – 22).

Auslegungsansätze

Es gibt eine Vielzahl von Ansätzen zur Auslegung der Offenbarung. Einige Ausleger begrenzen die Bedeutung des Buches auf das 1. Jahrhundert und die Auseinandersetzungen der Kirche mit dem Römischen Reich. Andere sehen in der Apokalypse eine Sammlung von symbolträchtigen Botschaften, die zukünftige Ereignisse vorhersagen.

Tatsächlich spricht die Offenbarung sowohl in die Situation des 1. Jahrhunderts als auch von der zukünftigen Zeit der Wiederkunft Jesu.

Weitere Hilfen zur Auslegung der Offenbarung finden Sie in den Anmerkungen zu den Erläuterungen am Ende dieses Heftes auf Seite 127.

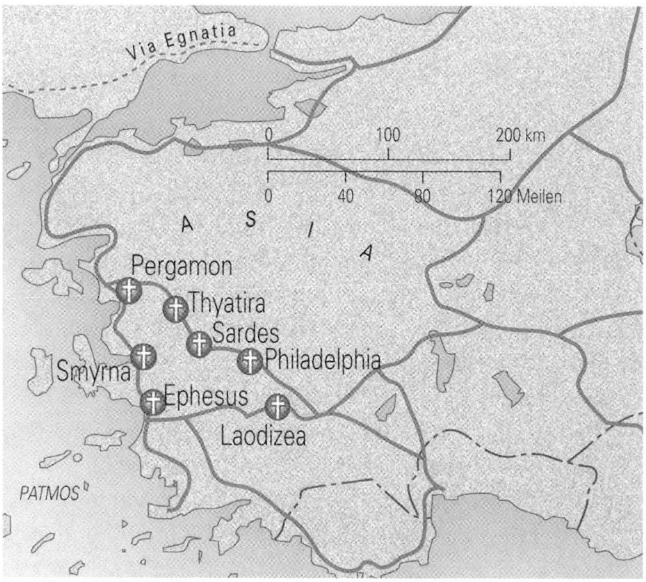

1 Vorwort, Gruß und Lobpreis

Offenbarung 1,1-8

Einstieg
(15–20 Minuten)
Wählen Sie bitte eine oder zwei Fragen aus.

1. Welche Art von Büchern oder Filmen mögen Sie am meisten? Abenteuergeschichten, Dokumentationen, Science Fiction, Biografien ...? Was gefällt Ihnen daran besonders?

2. Wie verkraften Sie Horrorfilme? Was könnten die Konsumenten dieser Filme daran reizvoll empfinden?

3. Wenn Sie einen „Brief vom Himmel" erhielten, welchen Inhalt würden Sie erwarten?

BIBELTEXT

Entstehung und Zweck dieses Buches

1 In diesem Buch enthüllt Jesus Christus, was ihm von Gott über die Zukunft
gezeigt worden ist. Gott hatte ihm den Auftrag gegeben, seine Diener wissen zu lassen, was kommen muss und schon bald geschehen wird. Deshalb sandte Jesus seinen Engel zu seinem Diener Johannes mit der Anweisung,
ihn die zukünftigen Dinge sehen zu lassen. 2 Johannes nun berichtet alles
so, wie es ihm gezeigt wurde und wie er es als Botschaft Gottes von Jesus
Christus empfangen hat. 3 Glücklich, wer aus diesem Buch vorliest, und
glücklich, wer diese prophetische Botschaft hört und sich danach richtet! Denn was hier angekündigt ist, wird sich bald erfüllen.

Jesus Christus: Erlöser und wiederkommender Herr

4 Johannes an die sieben Gemeinden in der Provinz Asien: Gnade und Frieden wünsche ich euch von dem, der ist, der war und der kommt, von den
sieben Geistern vor seinem Thron 5 und von Jesus Christus, dem vertrauenswürdigen Zeugen für die Wahrheit, der als Erster von den Toten auferstanden ist und jetzt über alle Könige der Erde regiert.

Ihm, der uns liebt
und uns durch sein Blut von unseren Sünden erlöst hat,
6 ihm, der uns zu Mitherrschern in seinem Reich
und zu Priestern für seinen Gott und Vater gemacht hat,
ihm gebührt die Ehre und die Macht für immer und ewig. Amen.
7 Und er wird wiederkommen!

Auf den Wolken wird er kommen,
und alle werden ihn sehen,
auch die, die ihn durchbohrt haben.
Sein Anblick wird alle Völker der Erde in Schrecken und Trauer versetzen.
Ja, amen, so wird es sein.
8 „Ich bin das A und das O, der Ursprung und das Ziel aller Dinge“, sagt
Gott, der Herr, der ist, der war und der kommt, der allmächtige Herrscher.

Bibelgespräch

(30–40 Minuten)
Wählen Sie ggf. unter den Fragen aus.

1. Obwohl die Offenbarung im Neuen Testament das einzige Buch seiner Gattung ist, konnten die ersten Leser vieles verstehen (vgl. Einleitung). Was erscheint Ihnen als heutigem Leser schwierig im Umgang mit diesem Buch? Welche Fragen hätten Sie über die Angaben in der Einleitung hinaus?

2. In welchen Schritten vollzog sich die Übermittlung der Offenbarung nach 1,1.4?

3. Welcher Teil der Botschaft von Jesus Christus war wohl besonders wichtig für Leser, die unter politischen, religiösen und wirtschaftlichen Verfolgungen litten?

4. Würde Ihnen etwas fehlen, wenn man die Offenbarung aus der Bibel streichen würde? Was?

Austausch

(15–20 Minuten)
Wählen Sie ggf. unter den Fragen aus. Sie können das Gespräch mit einem gemeinsamen Gebet abschließen.

1. Was würde Ihnen ein „Arzt“ wohl verschreiben, wenn er bei Ihnen heute eine Generaluntersuchung Ihres Glaubens durchführen würde?

2. Was könnte Sie dazu bringen, den Glauben an Jesus aufzugeben? Was hält Ihren Glauben am Leben?

3. Für viele Menschen ist Jesus das rührende Kind in der Krippe oder das bedauernswerte Opfer eines Justizirrtums. Für Johannes ist Jesus der Herr der ganzen Welt und der Herr der Geschichte. Wie würden Sie formulieren, wer Jesus für Sie ist?

4. Warum haben Sie sich für diese Treffen über die Offenbarung entschieden? Welche Erwartungen haben Sie an diesen Kurs?

5. Welche Erwartungen haben Sie an die anderen Teilnehmer (z. B. im Blick auf das Gespräch, Verschwiegenheit, gemeinsames Gebet, Verbindlichkeit u. a.)?

6. Kennen Sie jemanden, den Sie vielleicht zum nächsten Treffen einladen könnten?

7. Gibt es ein Gebetsanliegen, das Sie mitteilen möchten?

ERLÄUTERUNGEN

1,1-8. Die Vorrede besteht aus drei Teilen: 1. Einleitung (V. 1-3), die den Ursprung des folgenden Inhaltes nennt. 2. Gruß (V. 4-6) mit Anrede, Segensspruch und Lobpreis. 3. Zwei prophetische Aussprüche (V. 7-8).

Offenbarung. Das griechische Wort *apokalypsis* bezeichnet die Entfernung eines Schleiers oder einer Decke von einem verhüllten Gegenstand oder Sachverhalt. Von dieser Vokabel leitet sich die Bezeichnung einer ganzen Literaturgattung ab, die zur Zeit des Johannes ihre Blüte erlebte.

1,1. enthüllt Jesus Christus. Es handelt sich streng genommen also gar nicht um die „Offenbarung des Johannes", wie das Buch in der Regel genannt wird. Der eigentliche Autor ist Jesus Christus selbst, der Gottes Wahrheit zuverlässig bezeugt (V. 5). Jesus selbst schiebt den Vorhang beiseite, der das Unsichtbare und die Zukunft der Welt vor den Augen der Menschen verhüllt. **schon bald.** In diesen Worten wird die urchristliche Erwartung deutlich, die das Ende der Zeit in naher Zukunft kommen sah. Die Ereignisse, die hier beschrieben werden, sind für jede Generation von Christen immer wieder neu aktuell.

1,3. glücklich. Dies ist die erste von sieben Seligpreisungen in der Offenbarung (14,13; 16,15; 19,9; 20,6; 22,7.14). **liest... hört.** Hier wird an die Praxis des lauten Vorlesens in den damaligen Gemeinden erinnert. **prophetische Botschaft.** Ein weiterer Ausdruck, der den Inhalt des Buches charakterisiert (neben dem Wort *Offenbarung).* Prophetie meint hier die Einsicht, die Gott in die Dinge gegeben hat, die in der unmittelbaren und fernen Zukunft geschehen werden.

1,4-8. Die Offenbarung ist in Form eines Briefes verfasst. Es ist typisch für griechische Briefe der damaligen Zeit, dass sie zuerst Absender und Empfänger und dann eine Grußformel nennen.

1,4. sieben Gemeinden. Die Gemeinden werden in V. 11 aufgezählt. Es ist unklar, warum nur diese sieben Gemeinden genannt werden. Vielleicht waren sie die wichtigen Gemeinden in dieser Gegend. Die Zahl **Sieben** hat hier wie immer wieder in der Offenbarung die Bedeutung von Vollkommenheit. Die erwähnten Gemeinden lagen im Abstand von 50 bis 80 Kilometer an einer wichtigen römischen Straße. **Provinz Asien.** Die westliche Hälfte Kleinasiens (westlicher Teil der heutigen Türkei). **der ist, der war und der kommt.** Eine Umschreibung des Namens Gottes nach 2 Mo 3,14-15. **von den sieben Geistern vor seinem Thron.** Dies ist ein ungewöhnlicher Ausdruck. Die Zahl Sieben könnte auf die siebenfältige Wirkung des Heiligen Geistes deuten (vgl. Jes 11,2). Vielleicht bezieht sie sich auch auf die sieben Erzengel der jüdischen Überlieferung oder auf die sieben Engel, die vor dem Lamm Gottes ihren Dienst tun (4,5; 5,6).

1,5. Jesus werden hier drei Titel gegeben. **dem vertrauenswürdigen Zeugen für die Wahrheit.**

Das griechische Wort für Zeuge *(martys)* liegt dem Ausdruck Märtyrer zugrunde. Wie schon für Jesus, so ist auch für seine Nachfolger der Tod manchmal die Folge der treuen Gefolgschaft Gottes. **als Erster von den Toten auferstanden.** Jesus ist nicht im Tod geblieben. Er ist als „Erster" (vgl. 1 Kor 15,20.23) im zeitlichen und autoritativen Sinn auferstanden. **über alle Könige der Erde regiert.** Jesus hat die uneingeschränkte Macht über alle Herrscher der Erde (Phil 2,10-11). Diese Behauptung widersprach ganz augenscheinlich der Tatsache, dass im 1. Jahrhundert Rom Weltmacht war. Kaiser Domitian z.B. verlangte, als „Herr und Gott" angeredet zu werden. Christen konnten diesen Titel auf keinen Fall akzeptieren; sie glaubten, dass allein Jesus der Herr der Welt ist. **ihm, der uns liebt.** Die erste von zahlreichen Bezeichnungen, mit denen Jesus näher beschrieben wird (z.B. 4,11; 5,9.12-13; 7,10).

1,6. Mitherrscher/Priester. Die frühe Kirche verstand sich selbst als das wahre Israel und bezog alle Verheißungen für das Volk Gottes auf sich (vgl. Gal 3,28; Phil 3,3; 1 Petr 2,5.9).

1,7. Bei seiner Wiederkunft werden alle Menschen Jesus sehen (nicht nur Israel). Alle werden klagen, weil das Gericht naht.

1,8. das A und das O. Wörtl.: *Alpha und Omega.* Der erste und letzte Buchstabe des griechischen Alphabets.

2 Jemand wie der Menschensohn

Offenbarung 1,9-20

Einstieg
(15–20 Minuten)
Wählen Sie bitte eine oder zwei Fragen aus.

1. Erinnern Sie sich morgens an Ihre Träume? Träumen Sie in Farbe?
2. An welche verrückten Träume können Sie sich noch erinnern und warum?
3. Haben Sie ein Lieblingsgemälde oder eine Lieblingsvorstellung von Jesus?

BIBELTEXT

9 Ich, Johannes, euer Bruder, bin auf die Insel Patmos verbannt worden, weil
ich das Wort Gottes verkündete und für die Botschaft von Jesus eintrat. Ich
bin also wie ihr um Jesu willen in Bedrängnis, aber durch Jesus haben wir alle
auch Anteil an Gottes Reich und sind dazu aufgerufen, unbeirrt durchzuhal-
ten.

10 Hier auf Patmos wurde ich an einem Sonntag, dem Tag des Herrn, vom
Geist Gottes ergriffen. Ich hörte hinter mir eine Stimme, die durchdringend
wie eine Posaune klang 11 und die mir befahl: „Schreibe das, was du siehst,
auf eine Schriftrolle, und schicke sie an die sieben Gemeinden in den Städten
Ephesus, Smyrna, Pergamon, Thyatira, Sardes, Philadelphia und Laodizea."

12 Ich wandte mich um, weil ich sehen wollte, wessen Stimme es war, die
ich hörte, und wer mit mir redete. Da sah ich sieben goldene Leuchter 13 und
mitten unter den Leuchtern jemand, der aussah wie der Menschensohn. Er
war mit einem Gewand bekleidet, das ihm bis an die Füße reichte, und trug
ein breites goldenes Band um die Brust. 14 Das Haar auf seinem Kopf war
weiß wie schneeweiße Wolle, und seine Augen glichen lodernden Flammen.
15 Seine Füße glänzten wie Golderz, das im Schmelzofen glüht, und seine
Stimme klang wie das Tosen einer mächtigen Brandung. 16 In seiner rechten
Hand hielt er sieben Sterne, und aus seinem Mund kam ein scharfes, beid-
seitig geschliffenes Schwert. Sein Gesicht leuchtete wie die Sonne in ihrem
vollen Glanz.

17 Bei seinem Anblick fiel ich wie tot vor seinen Füßen nieder. Doch er legte
seine rechte Hand auf mich und sagte: „Du brauchst dich nicht zu fürchten!
Ich bin der Erste und der Letzte 18 und der Lebendige. Ich war tot, aber jetzt
lebe ich in alle Ewigkeit, und ich habe die Schlüssel zum Tod und zum Toten-
reich.

19 Du wirst nun vieles gezeigt bekommen. Einiges davon betrifft die Gegen-

wart, anderes wird erst später geschehen. Schreibe alles auf! [20] Ich will dir auch erklären, welches Geheimnis sich hinter den sieben Sternen verbirgt, die du in meiner rechten Hand gesehen hast, und was die sieben goldenen Leuchter bedeuten: Die sieben Sterne sind die Engel der sieben Gemeinden, und die sieben Leuchter sind die sieben Gemeinden selbst."

Bibelgespräch

(30–40 Minuten) Wählen Sie ggf. unter den Fragen aus.

1. Wenn Sie in einem Traum Jesus als Gegenüber sähen, was wäre wohl Ihre erste Empfindung?

2. Schließen Sie bitte die Augen und hören Sie auf die Verse 12-18, die jemand langsam vorliest. Denken Sie einen Augenblick darüber nach. Welchen Eindruck machen diese Bilder von Christus auf Sie?

3. Was ist die Bedeutung der sieben Sterne und der sieben Leuchter? War in Ihrem Leben schon einmal eine Gemeinde ein Licht?

Austausch

(15–20 Minuten) Wählen Sie ggf. unter den Fragen aus. Sie können das Gespräch mit einem gemeinsamen Gebet abschließen.

1. Fühlen Sie sich im Blick auf Ihr Glaubensleben momentan eher auf Patmos verbannt (verbannt und einsam) oder von Gottes Geist ergriffen? Kann man auch beides gleichzeitig erleben?

2. Mit welcher Lichtquelle würden Sie den geistlichen Zustand Ihrer Gemeinde beschreiben (z.B. Kronleuchter, kleines Notlicht ...)? Was wäre hilfreich, um die Leuchtkraft Ihrer Gemeinde zu verstärken? Was wäre in Ihrem persönlichen Leben dazu hilfreich?

3. Fällt es Ihnen leicht, sich in der Gruppe zu äußern? Welche Erwartung würden Sie gerne mitteilen?

4. Welches Gebetsanliegen würden Sie gerne nennen?

1,9-20. Der erste große Abschnitt der Offenbarung (1,9 – 3,22) beginnt mit dem Bericht des Johannes über seine Vision des erhöhten Christus. In dieser Vision erhält er den Befehl, dieses Buch zu schreiben.

1,9. Johannes schreibt als jemand, der bereitwillig den Preis für sein Christsein bezahlt. Er folgt dem Beispiel seines Herrn. Deshalb weiß er auch genau, was seine Leser durchmachen. **Patmos.** Eine kleine Insel im Ägäischen Meer nahe der Küste der heutigen Türkei. Damals wahrscheinlich eine römische Strafkolonie.

1,10. Sonntag. Wörtl. *Tag des Herrn.* Der erste Tag der Woche, an dem sich die Christen zum gemeinsamen Gottesdienst trafen, weil Jesus an diesem Tag von den Toten auferstand. **vom Geist Gottes ergriffen.** Zustand der besonderen Verbundenheit mit Gott (Apg 10,10; 11,15; 22,17; 2 Kor 12, 2-4).

1,11. Die Gemeinden werden in der Reihenfolge ihrer geografischen Lage an der römischen Ringstraße aufgezählt. **Schreibe.** Johannes erhält die Aufgabe, die Vision niederzuschreiben. Dabei bedient er sich natürlich der Worte, Ausdrücke und Bilder, die Teil seiner persönlichen Erfahrung sind. Dazu gehört maßgeblich die Bilderwelt des Alten Testaments.

1,12. sieben goldene Leuchter. Die Leuchter sind ein passendes Symbol für die Gemeinden (1,20), die Jesus in der Bergpredigt als „Licht in der Welt" bezeichnet (Mt 5,14-16). **wie der Menschensohn.** Dieser Ausdruck stammt aus Daniel 7,13 und ist vieldeutig. Er konnte einfach *einzelner Mensch* bedeuten, aber auch als Hinweis auf den Messias verstanden werden. Wegen dieser Mehrdeutigkeit benutzte Jesus diesen Ausdruck gerne für sich. Er gab ihm eine neue Bedeutung (Mk 8,31 – 10,45) und machte ihn zur Bezeichnung für sich selbst.

1,1-13. Jesus wird in diesem Abschnitt vorgestellt in seinem dreifachen Amt als Prophet (V. 1), als König (V. 5) und als Priester (V. 13).

1,13. Gewand ... bis an die Füße. Jesus trägt hier die lange Kleidung des Hohenpriesters.

1,14-16. Eine Reihe göttlicher Eigenschaften werden Christus hier zugeschrieben. Sie vermitteln einen Eindruck von Macht, Weisheit und Autorität (vgl. Dan 7,9).

1,16. Worte wie ein Schwert. Das Schwert aus dem Mund von Jesus ist ein Hinweis auf die Macht des göttlichen Gerichtes (2,16; 19,15.21; Jes 4,9; Hebr 4,12). **leuchtete wie die Sonne in ihrem vollen Glanz.** Die leuchtende Herrlichkeit Jesu erinnert an die Verklärung Jesu (Mt 17,2), die Johannes zusammen mit Petrus und Jakobus miterlebte.

1,17. Die Reaktion des Johannes auf die himmlische Vision Jesu entspricht den Reaktionen der Propheten im Alten Testament (Jos 5,14; Jes 6,5; Hes 1,28; Dan 8,17; 10,15). **legte seine rechte Hand auf mich.** Auf diese Weise beauftragt Jesus Johannes, aufzuschreiben, was er sehen würde (V. 19).

1,18. der Lebendige. Jesus ist nicht vergleichbar mit den toten Göttern, die in der römischen Welt verbreitet waren. Seine Auferstehung von den Toten ist das Fundament für den christlichen Glauben bis heute. **der Schlüssel.** Der Schlüssel ist ein Zeichen für die Macht und Autorität über diese Reiche.

1,19. Einige Ausleger sehen in der dreifachen Aussage dieses Verses den Inhalt der Offenbarung zusammengefasst. Johannes soll schreiben, was er gesehen hat (die Vision, V. 9-20), was zum Zeitpunkt des Schreibens schon geschieht (der Zustand der Gemeinden, Kap. 2 und 3; die Briefe an die Gemeinden) und was geschehen wird (der Rest des Buches).

Ephesus, Smyrna, Pergamon, Thyatira

3

Offenbarung 2,1-29

1. Erinnern Sie sich an eine „große Liebe“ in Ihrer Kindheit?
2. Wer war Ihr(e) Lieblingslehrer(in) in der Grundschule? Warum?
3. Mit welchem Lehrer hatten Sie die meisten Schwierigkeiten, als Sie älter wurden? Warum? Lag es an Erwartungen, der Persönlichkeit, dem Unterrichtsstil?

Einstieg
(15–20 Minuten)
Wählen Sie bitte eine oder zwei Fragen aus.

BIBELTEXT

Die Botschaft an die Gemeinde in Ephesus

1 „Schreibe an den Engel der Gemeinde in Ephesus: Der, der die sieben
Sterne in seiner rechten Hand hält und zwischen den sieben goldenen
Leuchtern umhergeht, lässt der Gemeinde sagen: 2 Ich weiß, wie du lebst
und was du tust; ich kenne deinen unermüdlichen Einsatz und deine Aus-
dauer. Ich weiß auch, dass du niemand in deiner Mitte duldest, der Böses
tut, und dass du die geprüft und als Lügner entlarvt hast, die behaupten,
Apostel zu sein, und es gar nicht sind. 3 Ja, du hast Ausdauer bewiesen und
hast um meines Namens willen viel ausgehalten, ohne dich entmutigen
zu lassen. 4 Doch einen Vorwurf muss ich dir machen: Du liebst mich nicht
mehr so wie am Anfang. 5 Erinnerst du dich nicht, wie es damals war? Wie
weit hast du dich davon entfernt! Kehr um und handle wieder so wie am
Anfang! Wenn du nicht umkehrst, werde ich mich gegen dich wenden und
deinen Leuchter von seinem Platz stoßen. 6 Eins allerdings muss ich aner-
kennen: Du verabscheust die Praktiken der Nikolaiten genauso wie ich.

7 Wer bereit ist zu hören, achte auf das, was der Geist den Gemeinden sagt!
Dem, der siegreich aus dem Kampf hervorgeht, werde ich vom Baum des
Lebens zu essen geben, der im Paradies Gottes steht.“

Die Botschaft an die Gemeinde in Smyrna

8 „Schreibe an den Engel der Gemeinde in Smyrna: Der Erste und der Letzte,
der, der tot war und wieder lebendig wurde, lässt der Gemeinde sagen: 9 Ich
weiß, wie hart du bedrängt wirst und in welcher Armut du lebst (eigentlich

bist du aber reich!). Ich weiß auch, wie sehr du von Leuten verhöhnt und
verleumdet wirst, die sich zwar Juden nennen, aber in Wirklichkeit eine
Synagoge des Satans bilden. 10 Doch du wirst noch mehr leiden müssen. Es
wird so weit kommen, dass der Teufel einige von euch ins Gefängnis werfen
lässt. Das wird eine harte Prüfung für euch sein, und ihr werdet zehn Tage
lang Schweres durchmachen. Lass dich durch das alles nicht erschrecken!
Bleibe mir treu, selbst wenn es dich das Leben kostet, und ich werde dir als
Siegeskranz das ewige Leben geben.

11 Wer bereit ist zu hören, achte auf das, was der Geist den Gemein-
den sagt! Dem, der siegreich aus dem Kampf hervorgeht, kann der zweite
Tod nichts anhaben."

Die Botschaft an die Gemeinde in Pergamon

12 „Schreibe an den Engel der Gemeinde in Pergamon: Der, dem das scharfe,
beidseitig geschliffene Schwert zur Verfügung steht, lässt der Gemeinde
sagen: 13 Ich weiß, dass dort, wo du wohnst, der Thron des Satans steht.
Und trotzdem hältst du am Bekenntnis zu mir fest; du hast deinen Glau-
ben an mich nicht verleugnet, auch damals nicht, als in eurer Stadt, dieser
Hochburg des Satans, mein treuer Zeuge Antipas getötet wurde. 14 Doch ei-
nen Vorwurf kann ich dir nicht ersparen: Du duldest in deiner Mitte Anhän-
ger der Lehre Bileams. Bileam hatte Balak den Rat gegeben, die Israeliten
zum Essen von Opferfleisch, das den Götzen geweiht war, und zu sexueller
Zügellosigkeit zu verführen und sie dadurch zu Fall zu bringen. 15 Auch bei
dir gibt es Leute wie Bileam: Es sind die Anhänger der Lehre der Nikolaiten.
16 Darum sage ich dir: Kehre um! Wenn du nicht umkehrst, werde ich nicht
zögern, mich gegen dich zu wenden und mit dem Schwert, das aus meinem
Mund kommt, gegen diese Leute Krieg zu führen.

17 Wer bereit ist zu hören, achte auf das, was der Geist den Gemeinden
sagt! Dem, der siegreich aus dem Kampf hervorgeht, werde ich von dem
Manna zu essen geben, das jetzt noch verborgen ist. Und ich werde ihm
einen weißen Stein geben, in den ein neuer Name eingraviert ist, den nie-
mand kennt außer dem, der ihn bekommt."

Die Botschaft an die Gemeinde in Thyatira

18 „Schreibe an den Engel der Gemeinde in Thyatira: Der Sohn Gottes, des-
sen Augen wie Feuerflammen lodern und dessen Füße wie Golderz glänzen,
lässt der Gemeinde sagen:

19 Ich weiß, wie du lebst und was du tust; ich kenne deine Liebe, deinen
Glauben, deine Hilfsbereitschaft und deine Ausdauer. Ich weiß auch, dass
du heute sogar noch mehr tust als früher. 20 Doch einen Vorwurf muss ich

dir machen: Du lässt diese Isebel, die behauptet, eine Prophetin zu sein,
ungehindert gewähren. Und dabei verführt sie mit ihrer Lehre meine Die-
ner zu sexueller Zügellosigkeit und zum Essen von Opferfleisch, das den
Götzen geweiht wurde. 21 Ich habe ihr Zeit gegeben, sich zu besinnen und
umzukehren, aber es war umsonst: Sie weigert sich, ihre unmoralische Le-
bensweise aufzugeben. 22 Darum werfe ich sie jetzt aufs Krankenbett. Und
die, die mit ihr Ehebruch begangen haben, lasse ich in größte Not gera-
ten – es sei denn, sie kommen zur Besinnung und wenden sich von dem
ab, was diese Frau tut. 23 Isebels Kinder aber müssen sterben; ich werde sie
nicht am Leben lassen. Daran werden alle Gemeinden erkennen, dass mir
auch die geheimsten Gedanken und Absichten nicht verborgen bleiben und
dass ich jedem von euch das geben werde, was er für sein Tun verdient hat.
24-25 Aber es gibt bei euch in Thyatira auch solche, die diese Lehre nicht an-
genommen haben und die nichts wissen wollen von dem, was diese Leute
die tiefen Geheimnisse des Satans nennen. Ihnen rufe ich zu: ‚Haltet fest,
was ihr habt, bis ich komme! Weiter lege ich euch keine Last auf.‘

26 Dem, der siegreich aus dem Kampf hervorgeht und bis zuletzt nicht
aufhört, so zu handeln, wie ich es will, werde ich Macht über die Völker
geben, 27 sodass er mit eisernem Zepter über sie regieren und sie wie Ton-
geschirr zerschmettern wird. 28 Ich verleihe ihm damit dieselbe Macht, die
auch ich von meinem Vater bekommen habe. Und als Zeichen dieser Macht
werde ich ihm den Morgenstern geben.

29 Wer bereit ist zu hören, achte auf das, was der Geist den Gemeinden
sagt!“

1. Welche Parallelen entdecken Sie zwischen dem Text und der Situation heutiger Gemeinden?

2. Welche Qualitäten hatte die Gemeinde in Ephesus? Inwiefern kann die Stärke der Gemeinde zu Fehlern geführt haben?

3. Was ist Umkehr? Warum ist sie nötig für die Gemeinde in Ephesus?

4. Mit welcher Schwierigkeit muss sich die Gemeinde in Smyrna auseinandersetzen (V. 8-11)?

5. Mit welchen Nöten haben die Christen in Pergamon (V. 12-17) zu tun? An welcher Stelle sind sie stark? Wo stehen sie in der Gefahr, Fehler zu machen?

Bibelgespräch

(30–40 Minuten) Wählen Sie ggf. unter den Fragen aus. Sie können die vier Bibelabschnitte auch in Kleingruppen erarbeiten und die Ergebnisse dann den anderen vorstellen.

6. Warum ist der Würdetitel, mit dem sich Jesus vorstellt, für diese Christen so wichtig? Was ist die Bedeutung des Schwertes in V. 16? Was bedeuten das Brot vom Himmel und der weiße Stein (V. 17)?

7. Was ist nach den Versen 18-28 die Stärke der Gemeinde in Thyatira? Wo liegt ihre besondere Schwäche?

8. Welcher Schluss lässt sich aus dem Gebrauch des Namens Isebel ziehen (vgl. etwa 1 Kön 21)?

9. Inwiefern sind die Art und die Quelle der Versuchung in Thyatira derjenigen in Pergamon ähnlich? Worin unterscheiden sie sich?

10. Welche der Aussagen in V. 19 trifft auf Sie in dieser Woche zu? Erläutern Sie!

Austausch

(15–20 Minuten) Wählen Sie ggf. unter den Fragen aus. Sie können das Gespräch mit einem gemeinsamen Gebet abschließen.

1. Wenn der erhöhte Christus Ihrer Gemeinde einen Brief schreiben lassen würde, wie würde er sich Ihnen vorstellen?

2. Gibt es etwas oder jemanden, der in Ihrem Leben eine ähnliche Rolle gespielt hat wie hier Isebel (Namen sind nicht nötig)? Wie geschah das?

3. Woran erkennt man ganz konkret in einer Gemeinde die Liebe zu Christus?

4. Welche kulturellen Einflüsse behindern Ihre Beziehung zu Christus? Haben Sie bestimmte Strategien entwickelt, um mit diesen Einflüssen umzugehen?

5. Wenn Gott Ihnen heute Nacht in einem Traum erscheinen würde, worüber würden Sie gern mit ihm reden?

6. Möchten Sie ein Gebetsanliegen nennen?

2,1 – 3,22. Der zweite Teil der ersten Vision besteht aus sieben Briefen an die sieben Gemeinden, die der Seher schreiben soll. Die Briefe ähneln sich im Aufbau sehr stark: Selbstvorstellung Christi (mit Bezug zur Eingangsvision, V. 12-18), Beurteilung der Gemeinde (Lob und Tadel), Ruf zur Umkehr, Zuspruch (Verheißung). Ziel der sieben Schreiben ist es, der gesamten Kirche Mut zu machen, den bestehenden und kommenden Anfeindungen nicht auszuweichen und keine Kompromisse im Glauben einzugehen.

2,1. Engel. Das griech. Wort kann auch *Bote* bedeuten. **Ephesus.** Ephesus war zur damaligen Zeit die wichtigste Stadt in Kleinasien. Über die Gemeinde dort wird in der Apostelgeschichte berichtet (Apg 18,24 – 20,1); ein Paulusbrief ist an sie gerichtet. **sieben Sterne/sieben ... Leuchter.** Hier wird Jesus als derjenige beschrieben, der die Macht über die sieben Sterne (vermutlich Engel) hat und in den Gemeinden gegenwärtig ist. **sieben Sterne, sieben goldene Leuchter.** Wie auch zu Beginn der anderen sechs Briefe entspricht die Selbstaussage über Christus der Situation der Gemeinde. Hier wird Jesus als derjenige beschrieben, der die Kontrolle über die sieben Sterne (vermutlich Engel) hat und zwischen den Gemeinden steht.

2,2. Ausdauer. Der Begriff, den man auch mit *Geduld, Ausharren, Ertragen* übersetzen kann, deutet an, dass die Gemeinde Anfeindungen ausgesetzt war. Das überrascht nicht, denn die Stadt Ephesus war geprägt durch den Kult der Diana (eine Muttergottheit; vgl. Apg 19,23 ff.) **geprüft.** Die Leiter der Gemeinde haben verantwortlich gehandelt; sie haben die, die **behaupten, Apostel zu sein,** nicht vorschnell abgewiesen, sondern „die Geister geprüft" (vgl. 1 Joh 4,1 wörtl.) und festgestellt, dass es sich um falsche Apostel handelte. – Im ersten Brief an Timotheus setzt sich Paulus mit dem Problem der falschen Lehrer in der Gemeinde in Ephesus auseinander (vgl. Apg 20,29). Offensichtlich hatte die Gemeinde sich diese Worte zu Herzen genommen und sich von Personen getrennt, die sie in die Irre führen wollten.

2,4. Du liebst mich nicht mehr so wie am Anfang. Wörtl.: *Du hast deine erste Liebe verlassen.* Es ist nicht ganz klar, ob damit die Liebe zu Jesus oder zu anderen Menschen gemeint ist. Vermutlich handelt es sich um beide Aspekte, die eng miteinander verbunden sind (vgl. Lk 10,27).

2,5. Erinnerst du dich nicht, wie es damals war? Wörtl.: *Gedenke nun, von welcher Höhe du gefallen bist, und kehre um, und tue wieder die ersten Werke.* Erinnerung und Umkehr sollen der Gemeinde bewusst machen, wo sie bereits stand und sie neu auf Christus und den Nächsten ausrichten. Es bedarf einer bewussten Entscheidung, den Weg der Liebe erneut einzuschlagen. Deshalb fordert Johannes auf, sich an den Anfang ihres Glaubens zu erinnern. **deinen Leuchter von seinem Platz stoßen.** Ohne Liebe hört die Gemeinde auf, die Kirche von Jesus Christus zu sein, auch wenn sie der Form nach noch weiter besteht.

2,6. Nikolaiten. Vermutlich eine frühchristliche Sekte, nach deren Lehre heidnische Praktiken wie die Götzenanbetung und einen unmoralischen Lebenswandel sich mit dem christlichen Bekenntnis vereinbaren ließen. Sie waren die falschen Apostel, von denen die Gemeinde sich getrennt hatte.

2,7. Jeder Brief endet mit einer Verheißung. Denen, die diese Worte befolgen, wird ewiges Leben zugesagt. **den Gemeinden.** Der Plural (wie auch in Offb 2,11.17.29; 3,6.13.22) deutet an, dass die Verheißungen sich nicht nur an die örtliche, sondern an alle Gemeinden richten, die in der Offenbarung genannt werden.

2,8. Smyrna. Die heutige türkische Millionenstadt Izmir. **der Erste und der Letzte.** Smyrna hatte enge Beziehungen zu Rom. Der römische Kaiserkult wurde hier sehr ernst genommen. Deshalb ist es nicht verwunderlich, dass daran erinnert wird: Christus allein ist Herr.

2,9. Armut. Die Gemeinde in Smyrna war eine sehr arme Gemeinde, möglicherweise wurde sie durch die heidnische Umwelt auch wirtschaftlich bedrängt. **die sich Juden nennen.** Dies ist gemeint im Sinne von Römer 2,28-29, wo Paulus unterscheidet zwischen Menschen, die nur äußerlich Juden sind, und solchen, die ihr Vertrauen auch wirklich auf Gott setzen.

2,11. Die Verheißung besteht darin, dass die Überwinder vom „Zweiten Tod" verschont werden. **der zweite Tod.** Ein Ausdruck für das ewige Getrenntsein von Gott (s. auch 20,6.14; 21,8).

2,12. Pergamon. Die Stadt liegt etwa 60 Kilometer nördlich von Smyrna auf einer etwa 300 Meter hohen Hügelkuppe. Sie hatte eine berühmte Bibliothek. **das scharfe, beidseitig geschliffene Schwert.** S. auch Offb 1,16. Der Ausdruck nimmt die bekannte Bildersprache der Bibel auf (Spr 5,4; Jes 49,2; Eph 6,17; Offb 19,15) und steht symbolisch für die einschneidende Wirkung des Wortes Gottes, das „bis in unser Innerstes dringt, bis in unsere Seele und unseren Geist, und ... tief in Mark und Bein trifft" und das als ein „unbestechlicher Richter über die Gedanken und geheimsten Wünsche unseres Herzens" bezeichnet wird (Hebr 4,12; vgl. Apg 2,37). Allgemein steht das doppelseitige Schwert für die Macht des Prokonsuls, über Leben und Tod zu entscheiden.

2,13. Ich weiß. Jesus nimmt die Lebensumstände der Gemeinden wahr und weiß um die besonderen Schwierigkeiten und Widerstände in ihrer Umgebung. **der Thron des Satans.** Die heidnische Religiosität blühte in Pergamon. Vier Gottheiten wurden hier verehrt. Für Zeus war ein gewaltiger Altar gebaut worden (vgl. Pergamonaltar, jetzt in Berlin). Auch Äskulap, der Gott der Heilkunst, wurde verehrt und als *Heiland* gefeiert. Sein Symbol ist die Schlange. Pergamon war außerdem das offizielle Zentrum des Kaiserkults in Kleinasien. Hier befanden sich Tempel, die den Kaisern Augustus und Trajan gewidmet waren. Rom wurde so zum Zentrum widergöttlicher Aktivitäten.

2,14. Bileam. Dieser Vers weist auf die alttestamentliche Geschichte, in der Bileam moabitische Frauen auffordert, ihre jüdischen Männer dazu zu bringen, ihren Gott zu verlassen (4 Mo 31,16). Bileam wurde zum Symbol für solche Lehrer, die Kompromisse auf kulturellem und ethischem Gebiet förderten und auf diese Weise das Volk vom wahren Glauben wegführten. der Wahrsager Bileam war auch vom Moabiterkönig Balak beauftragt worden, die Israeliten zu verfluchen (4 Mo 22 – 24).

2,17. Manna. Eine Anspielung auf die Nahrung, mit der Gott die Israeliten in der Zeit ihrer Wüstenwanderung versorgte (2 Mo 16). Am Ende der Zeiten erwartete man, dass Gott sein Volk wieder mit dieser himmlischen Speise versorgen würde. **weißen Stein.** Welche Bedeutung der weiße Stein hat, wird von den Auslegern verschieden gedeutet. Möglicherweise wird auf die Siegerehrung nach einem sportlichen Wettkampf angespielt. Der Sieger erhielt ein Täfelchen aus Marmor mit eingraviertem Namen. Am Ende der Zeiten werden die Treuen in dieser Weise als Sieger ausgezeichnet.

2,18. Thyatira. Die Stadt lag südöstlich von Pergamon, war geprägt vom Handel und beherbergte zahlreiche Kaufmannsgilden. Lydia, die Purpurverkäuferin (Apg 16,14 ff.), kam aus dieser Stadt. **Sohn Gottes.** Sowohl Apoll als auch der römische Kaiser (der als Mensch gewordener Apoll galt) wurden Söhne Gottes genannt. Wie schon in V. 8 wird die Autorität Jesu den (Schein-)Autoritäten dieser Welt gegenübergestellt: Sohn Gottes ist in Wahrheit allein Jesus.

2,20. Du unternimmst nichts. Die Gemeinde duldete falsche Lehre in ihren Reihen. Anders als die Epheser, die unterschiedliche Auffassungen prüften und falsche Lehrer entlarvten, lehnte man es in Thyatira ab, sich mit dem Problem der „Isebel" auseinanderzusetzen. **Isebel.** Die alttestamentliche Isebel, die nicht israelitische Frau des israelitischen Königs Ahab, verführte große Teile des Volkes zur Verehrung des Götzen Baal (1 Kön 16,29-33; 18,13.19). Hier vermutlich symbolische Bezeichnung einer einflussreichen Irrlehrerin in Thyatira, die einen Teil der Gemeinde zu heidnischen Praktiken verleitete. **Prophetin.** Die angesprochene „Isebel" behauptete von sich, eine Prophetin zu sein und einige aus der Gemeinde scheinen ihr gefolgt zu sein. **Opferfleisch, das den Götzen geweiht wurde.** Die Kaufmannsgilden pflegten religiöse Riten, in deren Verlauf man auch Speisen zu sich nehmen musste, die zuvor heidnischen Göttern geopfert worden waren. Davon zu essen, bedeutete Teilnahme am Götzendienst. Eine Verweigerung konnte einschneidende wirtschaftliche Konsequenzen nach sich ziehen. Paulus erwähnt das Essen von Götzenopferfleisch in 1 Kor 8 und mahnt, keine gesetzliche Haltung dazu einzunehmen; doch muss berücksichtigt werden, dass das Thema dort in einem völlig anderen Kontext behandelt wird. Es gab in Korinth kein Fleisch zu kaufen, das nicht vorher im heidnischen Tempel geopfert worden war. Eine Identifizierung mit dem Götzendienst war dort nicht von vornherein gegeben.

2,21. sich zu besinnen und umzukehren. Die Art des Ausdrucks könnte ein Hinweis darauf sein, dass „Isebel" zur Gemeinde gehört hatte und mehrfach aufgefordert worden war, sich von ihren Irrwegen abzuwenden.

2,22. die, die mit ihr Ehebruch begangen haben. Im eigentlichen oder im übertragenen Sinn. Da Götzenverehrung häufig mit sexuellen Ausschweifungen verbunden war, wird bereits im Alten Testament die Abwendung von Gott und die Hinwendung zu den Göttern unter dem Bild des Ehebruchs beschrieben.

2,23. Isebels Kinder. Der Ausdruck wird zwar von manchen Auslegern auf leibliche Kinder bezogen, meint aber wahrscheinlich eher die, die dieser falschen Prophetin nachgefolgt sind – also ihre „geistigen" Kinder.

2,24. die tiefen Geheimnisse des Satans. Die Bezeichnung ist ironisch gemeint. Isebel behauptete, die Menschen in tiefe Einsichten über Gott einweihen zu können. Was sie ihnen aber in Wirklichkeit brachte, waren Geheimnisse des Satans.

2,26. Kampf… so zu handeln, wie ich es will. Um in der feindseligen Umwelt zu bestehen, muss man ohne Kompromisse am Glauben festhalten. **Macht über die Völker.** Wer trotz aller Widerstände standhaft bleibt, wird an der Herrschaft Christi teilhaben (V. 28; 2 Tim 2,12; Offb 19,15).

2,28. Morgenstern. Der Planet Venus ragt wegen seiner Helligkeit unter allen Sternen besonders hervor und könnte deshalb hier als Symbol für Herrschaft oder Macht stehen. (Die Worte *Als Zeichen dieser Macht* sind zum besseren Verständnis hinzugefügt; vgl. 4 Mo 24,17.) Der Morgenstern steht aber auch für Christus selbst (Offb 22,16) und seine Wiederkunft (2 Petr 1,19).

4 Sardes, Philadelphia, Laodizea

Offenbarung 3,1-22

Einstieg
(15–20 Minuten)
Wählen Sie bitte eine oder zwei Fragen aus.

1. Was würden Sie als Ihren größten persönlichen Sieg bezeichnen? Was hat er in Ihnen ausgelöst?
2. Kennen Sie die Erfahrung, sich nach einer Niederlage zusammenzureißen und einen neuen Versuch zu wagen?
3. Wie kommt es dazu, dass der Ruf mancher Personen oder Gruppen besser ist als ihre tatsächlichen Fähigkeiten?
4. Waren Sie schon einmal „außen vor"? Wie haben Sie das Problem gelöst?

BIBELTEXT

Der Brief an die Gemeinde in Sardes

1 „Schreibe an den Engel der Gemeinde in Sardes: Der, bei dem die sieben Geister Gottes sind und der die sieben Sterne in seiner Hand hält, lässt der Gemeinde sagen:

Ich weiß, wie du lebst und was du tust. Du stehst im Ruf, eine lebendige Gemeinde zu sein, aber in Wirklichkeit bist du tot. 2 Wach auf und stärke, was noch am Leben ist, damit es nicht auch stirbt. Denn ich musste feststellen, dass das, was du tust, nicht vor meinem Gott bestehen kann. 3 Erinnerst du dich nicht, wie bereitwillig du das Evangelium aufnahmst und auf seine Botschaft hörtest? Richte dich wieder nach meinem Wort und kehre um! Wenn du jedoch weiterhin schläfst, werde ich dich wie ein Dieb überraschen und zu einem Zeitpunkt kommen, an dem du nicht mit mir rechnest. 4 Aber es gibt bei euch in Sardes einige, die ihre Kleider nicht beschmutzt haben. Sie werden einmal in weißen Festgewändern im Triumphzug neben mir hergehen; sie sind es wert.

5 Jedem, der siegreich aus dem Kampf hervorgeht, wird ein weißes Festgewand angelegt werden. Und ich werde seinen Namen nicht aus dem Buch des Lebens streichen, sondern mich vor meinem Vater und seinen Engeln zu ihm bekennen.

6 Wer bereit ist zu hören, achte auf das, was der Geist den Gemeinden sagt!"

Der Brief an die Gemeinde in Philadelphia

7 „Schreibe an den Engel der Gemeinde in Philadelphia: Der, der heilig
ist, dessen Wort wahr ist und der den Schlüssel Davids hat – wenn er auf-
schließt, kann niemand zuschließen, und wenn er zuschließt, kann niemand
aufschließen –, der lässt der Gemeinde sagen: 8 Ich weiß, wie du lebst und
was du tust: Du hast nur wenig Kraft, aber du hast dich nach meinem Wort
gerichtet und dich unerschrocken zu meinem Namen bekannt. Darum habe
ich eine Tür vor dir geöffnet, die niemand zuschließen kann. 9 Ich werde
sogar dafür sorgen, dass Leute aus der Synagoge des Satans zu dir kom-
men und sich vor dir niederwerfen – Leute, die lügen, indem sie sich Juden
nennen, obwohl sie gar keine wahren Juden sind. Sie sollen erkennen, wie
sehr ich dich liebe. 10 Weil du dich an meine Aufforderung gehalten hast,
standhaft zu bleiben, werde auch ich zu dir halten und dich bewahren, wenn
die große Versuchung über die Welt hereinbricht, jene Zeit, in der die ganze
Menschheit den Mächten der Verführung ausgesetzt sein wird. 11 Ich komme
bald. Halte fest, was du hast! Lass dich von niemand um deinen Sieges-
kranz bringen!

12 Den, der siegreich aus dem Kampf hervorgeht, werde ich zu einem
Pfeiler im Tempel meines Gottes machen, und er wird seinen Platz für
immer behalten. Und auf seine Stirn werde ich den Namen meines Got-
tes schreiben und den Namen der Stadt meines Gottes, des neuen Jeru-
salems, das von ihm aus dem Himmel herabkommen wird, und meinen
eigenen neuen Namen.

13 Wer bereit ist zu hören, achte auf das, was der Geist den Gemeinden
sagt!"

Der Brief an die Gemeinde in Laodizea

14 „Und an den Engel der Gemeinde in Laodizea schreibe: Der, der treu ist,
der vertrauenswürdige und zuverlässige Zeuge, der Ursprung von allem,
was Gott geschaffen hat – der lässt der Gemeinde sagen: 15 Ich weiß, wie
du lebst und was du tust; ich weiß, dass du weder kalt noch warm bist.
Wenn du doch das eine oder das andere wärst! 16 Aber weil du weder warm
noch kalt bist, sondern lauwarm, werde ich dich aus meinem Mund aus-
spucken. 17 Du sagst: ‚Ich bin reich und habe alles im Überfluss, es fehlt mir
an nichts', und dabei merkst du nicht, in was für einem jämmerlichen und
erbärmlichen Zustand du bist – arm, blind und nackt. 18 Ich rate dir: Kaufe
bei mir Gold, das im Feuer gereinigt wurde, damit du reich wirst, und weiße
Kleider, damit du etwas anzuziehen hast und nicht nackt dastehen und dich
schämen musst. Kaufe auch Salbe und streiche sie dir auf die Augen, da-
mit du wieder sehen kannst. 19 So mache ich es mit allen, die ich liebe: Ich
decke auf, was bei ihnen verkehrt ist, und weise sie zurecht. Darum mach

Schluss mit deiner Gleichgültigkeit und kehre um! 20 Merkst du nicht, dass
ich vor der Tür stehe und anklopfe? Wer meine Stimme hört und mir öffnet,
zu dem werde ich hineingehen, und wir werden miteinander essen – ich mit
ihm und er mit mir.

21 Dem, der siegreich aus dem Kampf hervorgeht, werde ich das Recht
geben, mit mir auf meinem Thron zu sitzen, so wie auch ich den Sieg errun-
gen habe und jetzt mit meinem Vater auf seinem Thron sitze.

22 Wer bereit ist zu hören, achte auf das, was der Geist den Gemeinden
sagt!"

Bibelgespräch

(30–40 Minuten) Wählen Sie ggf. unter den Fragen aus.

1. Worin besteht der Unterschied zwischen dem Ruf der Gemeinde und der Wirklichkeit in Sardes?

2. Worauf muss die Gemeinde in Sardes besonders achten?

3. Was macht die Gemeinde in Philadelphia fähig, am Glauben festzuhalten? Beschreiben Sie auch kurz die Feinde der Gemeinde. Inwiefern entspricht die Belohnung in V. 12 ihrer Treue?

4. Worin besteht der „Schlüssel Davids" (V. 7)?

5. Was sieht der „vertrauenswürdige und zuverlässige Zeuge", wenn er auf die Gemeinde in Laodizea blickt? Wie sieht die Gemeinde sich selbst? Woher kommt dieser Unterschied?

6. Was ist wohl mit der Aufforderung in V. 18 gemeint? Worin besteht der Reichtum, der hier gemeint ist?

7. Wie wirkt es sich wohl konkret aus, wenn ein Christ „kalt" oder „warm" ist (V. 15)?

8. Wie wurde Christus bisher in der Offenbarung beschrieben? Erweitert das Ihr Bild von Jesus aus den Evangelien?

1. Was müssten Sie wohl in Ihrem Leben „stärken", wenn Jesus an Sie auch eine Ermahnung wie in V. 2 richten würde?

2. Welche offenen Türen hat Christus Ihnen geschenkt (V. 8)? Wo nutzen Sie Möglichkeiten, die er für Sie aufgetan hat?

3. Worauf wartet Jesus vor der Tür Ihres Lebens? Verspüren Sie bei sich verschlossene Räume? Was hält Sie zurück, die Tür zu öffnen?

4. Welche „Bestandsaufnahme" der Briefe an die verschiedenen Gemeinden könnte Ihrer Gemeinde am ehesten auch gelten? Oder würde an Sie ein ganz anderer Brief geschrieben? Versuchen Sie, diesen zu skizzieren.

5. „Wer bereit ist zu hören, achte auf das, was der Geist den Gemeinden sagt!" Was, glauben Sie, sagt Gottes Geist der reichen westlichen Kirche des 21. Jahrhunderts?

6. Möchten Sie ein Gebetsanliegen für die kommende Woche nennen?

Austausch

(15–20 Minuten) Wählen Sie ggf. unter den Fragen aus. Sie können das Gespräch mit einem gemeinsamen Gebet abschließen.

ERLÄUTERUNGEN

3,1. Sardes. Die Stadt Sardes lag mit ihren Befestigungsanlagen ca. 70 Kilometer östlich von Ephesus. Sardes war einst eine mächtige Stadt, aber schon im 1. Jahrhundert hatte sie viel von ihrem Einfluss eingebüßt. Kennzeichnend für die Stadt war das Zusammentreffen verschiedener Handelsstraßen und die Kunst des Wollfärbens. **sieben Geister.** S. Erklärung zu Offb 1,4. **sieben Sterne.** S. Offb 1,16.20; 2,1. **du stehst im Ruf/ aber in Wirklichkeit.** Die Gemeinde von Sardes hatte den Ruf, lebendig zu sein. Aber in Wirklichkeit war sie geistlich tot. Dies ist ein Bild für ein Christentum, das äußerlich ein reiches religiöses Leben vorweisen kann, dem es aber an geistlichem Leben und geistlicher Kraft zu wirklicher Veränderung mangelt. Aktivismus allein bedeutet im Reich Gottes gar nichts.

3,2. Wach auf. Die erste von fünf Aufforderungen. Sie zeigen, dass es für die Gemeinde möglich ist, wieder zu geistlichem Leben zurückzufinden. **dass das, was du tust, nicht vor meinem Gott bestehen kann.** Wörtl.: *Ich habe deine Werke nicht vollkommen vor Gott gefunden.* Im Unterschied zu den bisher angesprochenen Gemeinden hatte die Gemeinde von Sardes offenbar weder Anfeindungen von außen zu ertragen noch Irrlehren zu bekämpfen. Dennoch hat sie kein Lob verdient. Die Werke (z.B. andere zu stärken) wurden zwar begonnen, aber nicht zur Zufriedenheit Gottes zu Ende geführt. Menschlich gesehen mag die Gemeinde „funktioniert" haben; in Gottes Augen jedoch war es keine „lebendige" Gemeinde (tot, V. 1).

3,3. Erinnerst du dich nicht ... Die Gemeinde wird aufgerufen, sich zu erinnern, was sie empfangen und gehört hat: die Frohe Botschaft von Jesus Christus und die Erfüllung mit dem Heiligen Geist, der ihnen geistliches Leben schenkte. **kehre um.** Auf die Erinnerung muss die konkrete Umkehr folgen. **wie ein Dieb.** Christus wird völlig unerwartet zum Gericht kommen.

3,4. einige. Wörtl.: *einige wenige Namen*. Nicht alle in Sardes haben ihren lebendigen Glauben verloren. Einige sind noch immer treu. **ihre Kleider nicht beschmutzt.** An einem Ort wie Sardes, einem Zentrum für die Herstellung und Veredelung von Wolle, ist dieser Hinweis auf die Kleidung unmittelbar verständlich. Die Aussage über die verschmutzte Kleidung deutet auf das Problem in Sardes. Man hatte es hingenommen, dass Sünde die Gemeinde beschmutzen konnte. **in weißen Festgewändern.** Das Bild der weißen Gewänder wird auch an anderen Stellen in der Offenbarung benutzt: die Gemeinde in Laodizea wird angewiesen, sich weiße Kleider zu kaufen, um ihre Blöße zu bedecken (3,18); die 24 Ältesten tragen weiße Gewänder (4,4); den Märtyrern werden weiße Gewänder gegeben (6,11); eine große Menschenmenge steht vor Gott mit weißen Gewändern bekleidet, die sie im Opferblut des Lammes reingewaschen haben (7,9.14), und die Heere des Himmels sind in Weiß gekleidet (19,14). Weiße Gewänder sind ein Zeichen für die himmlische Herrlichkeit.

3,5. Buch des Lebens. Es handelt sich um eine Art Verzeichnis der Personen, die zum Volk Gottes gehören. Das Bild findet sich schon im Alten Testament (vgl. 2 Mo 32,32-33; Ps 69,29; Dan 12,1). Im 1. Jahrhundert wurden die Namen der Bürger einer Stadt in einem Register aufgeführt. Wurde der Name ausgelöscht, bedeutete dies den Verlust der Bürgerrechte.

3,7. Philadelphia. Die jüngste der sieben Städte lag ca. 45 Kilometer südöstlich von Sardes. **der heilig ist, dessen Wort wahr ist.** Beide Ausdrücke sind Charakterisierungen Gottes. **Schlüssel Davids.** Ein Bild dafür, dass jemand den Zugang zum königlichen Palast kontrolliert (in diesem Fall zum Königreich des Messias). Vgl. Jes 22,22.

3,8. Tür geöffnet. Es geht bei dieser metaphorischen Redeweise offensichtlich nicht um den Eingang ins Reich Gottes (wie in V. 7; vgl. Apg 14,27), sondern um missionarische Gelegenheiten (vgl. 1 Kor 16,9; 2 Kor 2,12). Gott versprach, dass er trotz *kleiner Kraft* der Gemeinde und trotz äußerer Widerstände (V. 9) dafür sorgen werde, dass die Verkündigung der Frohen Botschaft bei vielen Menschen Gehör findet. **Du hast nur wenig Kraft.** Die christliche Gemeinde ist offensichtlich klein und ohne nennenswerten Einfluss auf die Stadt. festgehalten. **unerschrocken zu meinem Namen bekannt.** Bisher haben sie sich in den Verfolgungen treu zu Jesus bekannt.

3,9. Synagoge des Satans. Es gab Auseinandersetzungen und Verfolgung der christlichen Gemeinde durch die jüdischen Einwohner Philadelphias. Die Schärfe der Formulierung hier erklärt sich aus dieser Auseinandersetzung und darf natürlich nicht verallgemeinert werden. Wer immer, ob Jude oder Heide, sich gegen Jesus und seine Gemeinde stellt, stellt sich auf die Seite Satans. Aber Juden und Heiden werden am Ende der Zeiten Jesus als Herrn erkennen **und sich vor [ihm] niederwerfen.** Dabei geht es aber nicht um eine Verehrung von Menschen, sondern um eine Anerkennung Gottes und seines Heilswerkes, das auch Nichtjuden gilt (vgl. Phil 2,10).

3,10. die große Versuchung. Die Gemeinde in Philadelphia muss mit weiteren Verfolgungen rechnen. Aber Christus, der wahre Herr der Geschichte, verheißt ihnen Schutz. Sie werden erleben, wie Jesus sein Königreich auf Erden errichten wird (Dan 12,1; Mk 13,14-20; 2 Thess 2,1-12; Offb 13,5-10).

3,11. Ich komme bald. Auch hier die Aufforderung und Warnung, wachsam zu sein, da die Wiederkunft Jesu plötzlich und unerwartet geschehen wird. Aus dem Kontext wird ersichtlich, dass es sich hier, anders als in den Worten an Ephesus, Pergamon und Sardes (Offb 2,5.16: *gegen dich wenden*; 3,3: *überraschen),* nicht um eine Warnung handelt, sondern um einen Zuspruch und eine Ermutigung zum Vertrauen auf Christus in allen gegenwärtigen Anfechtungen. Christus wird bald kommen und der Verfolgung und Not ein Ende machen (vgl. Offb 22,7.12.20).

3,14. Laodizea. Die wohlhabende Stadt lag an der Kreuzung dreier großer Handelsstraßen. Sie war für ihr Bankwesen und ihre Industrie bekannt. Paulus schrieb dieser Gemeinde einen Brief, der aber verloren ging (Kol 4,16). Wie auch in Sardes erschien die Gemeinde als reich und hatte nicht unter Verfolgung oder Irrlehre zu leiden. **Der, der treu ist, der vertrauenswürdige und zuverlässige Zeuge.** Wörtl.: *der das „Amen" ist.* Das Wort Amen wurde im Alten Testament als Ausdruck der Bestätigung gebraucht, dass etwas der Wahrheit entsprach. Jesus ist der Eine, der wahrhaft und verlässlich ist.

3,15. weder kalt noch warm. Laodizea lag in der Nähe von Hierapolis (das für seine heißen Mineralquellen bekannt war, denen heilende Wirkung nachgesagt wurde) und von Kolossä (das über besonders klares, kaltes Wasser verfügte). Die Gemeinde konnte aber weder Erfrischung für die geistlich Müden noch Heilung für die geistlich Kranken anbieten. Sie war unwirksam und unbrauchbar geworden.

3,16. lauwarm. Bis das heiße Quellwasser aus Hierapolis nach ca. 10 Kilometern in Laodizea eintraf, war es nur noch lauwarm. **ausspucken.** Wörtl.: *erbrechen.* Das lauwarme, mineralienreiche Wasser hatte wohl einen fauligen Geschmack, sodass man versucht war, es sofort wieder auszuspucken. Die Gemeinde erregte im übertragenen Sinne bei Gott Übelkeit.

3,17. Dieses Bild war besonders verständlich in einer Stadt mit blühendem Bankwesen. Die Gemeinde war wohlhabend und hatte keinen Sinn für ihre eigentlichen Bedürfnisse. Sie versäumte es, zwischen materiellen und geistlichen Gütern zu unterscheiden. **arm, blind und nackt.** Die Aussage über die Gemeinde steht im scharfen Gegensatz zum alltäglichen Erleben in Laodizea, das für seinen Reichtum, eine heilsame Augensalbe und luxuriöse Kleidung bekannt war.

3,18. In der Tat braucht die Gemeinde genau die Dinge am nötigsten, die sie schon zu besitzen meint. **Gold, das im Feuer gereinigt wurde.** Gemeint ist „geistliches Gold", das nur Christus schenken kann. **nackt dastehen.** Ein erschreckendes Bild für Menschen, die in einer Stadt leben, die für ihre Textilien berühmt ist. Was die Gemeinde aber wirklich brauchte, waren die weißen Kleider des Himmels (vgl. die Erläuterung zu 3,4). **Salbe.** Laodizea war bekannt für eine berühmte Augensalbe. Die dortigen Christen meinten zwar, den Durchblick zu haben, aber in Wirklichkeit brauchten sie eine „geistliche" Augensalbe, um ihren tatsächlichen Zustand zu erkennen.

3,19. Tadel und Strafe sind hier nicht Ausdruck von Hass, sondern von Gottes Liebe (vgl. Spr 3,11-12; Hebr 12,5-6). **mit allen, die ich liebe.** Das griechische Wort *philein,* das hier benutzt wird, meint die warme und treue Zuneigung, die man z.B. für Familienangehörige empfindet. **kehre um.** Erneut taucht der Ruf zur Umkehr auf (wie schon 2,5.16; 3,3).

3,20. dass ich vor der Tür stehe und anklopfe. Dieser Vers wird oft gebraucht, um Menschen in die Nachfolge Jesu zu rufen. Ursprünglich ist der Satz aber an Menschen innerhalb der Gemeinde gerichtet, die sich von Christus abgewandt haben und nun wieder zur Umkehr eingeladen werden. Die Umkehr (V. 19) eines Menschen geschieht, wenn er Christus in sein Leben einlädt. **miteinander essen.** Das gemeinsam geteilte Mahl ist ein starker Ausdruck von Gemeinschaft und Verbundenheit.

3,21. In diesem Schlusswort an die, die gegen alle Widerstände am Glauben festhalten und darin wachsen, bekräftigt Christus, dass sie mit ihm in seinem kommenden Königreich regieren werden.

3,22. Zum siebten und letzten Mal werden die Leser daran erinnert, dass diese Worte, die zwar zuerst an bestimmte Gemeinden gerichtet sind, doch der ganzen Kirche gelten.

5 Gottes Thron

Offenbarung 4,1-11

Einstieg

(15–20 Minuten)
Wählen Sie bitte eine oder zwei Fragen aus.

1. Was ist das größte oder beeindruckendste Gebäude, in dem Sie jemals waren? Welche Wirkung hatte der Raum auf Sie?

2. Haben Sie schon einmal angesichts eines bestimmten Erlebnisses „Heiligkeit“ empfunden? Was macht dieses Empfinden aus? Was ist Ihnen in Ihrem Leben „heilig“?

3. Finden Sie Monarchien heute noch zeitgemäß? Was verbinden Sie mit den Begriffen „König“, „Thron“, „Herrschaft“, „Hofstaat“?

BIBELTEXT

Der Thron Gottes

1 Danach wurde mir etwas anderes gezeigt. Ich sah im Himmel eine geöff-
nete Tür und hörte, wie die gleiche Stimme, die schon zuvor mit mir ge-
sprochen hatte und die wie eine Posaune klang, zu mir sagte: „Komm hier
herauf! Ich werde dir zeigen, was nach den Dingen, von denen du bereits
gehört hast, noch kommen muss.“
2 Im gleichen Augenblick wurde ich vom Geist Gottes ergriffen. Ich sah
einen Thron im Himmel stehen, und auf dem Thron saß jemand, 3 von dem
ein Leuchten ausging wie von einem Diamanten oder einem Karneol. Ein
Regenbogen, strahlend wie ein Smaragd, umgab den Thron mit seinem
Glanz. 4 Rings um den Thron standen vierundzwanzig andere Throne, und
auf diesen Thronen saßen vierundzwanzig Älteste, die in weiße Gewänder
gehüllt waren und goldene Kronen trugen. 5 Von dem Thron in der Mitte her
zuckten Blitze auf, begleitet von Donnergrollen und Donnerschlägen. Sieben
Fackeln brannten vor dem Thron; das sind die sieben Geister Gottes. 6 Die
Fläche, die sich vor dem Thron ausdehnte, sah wie ein gläsernes Meer aus
und war von kristallener Klarheit. Unmittelbar beim Thron, rings um ihn
herum, standen vier lebendige Wesen, die vorn und hinten mit Augen bedeckt
waren. 7 Das erste dieser Wesen glich einem Löwen, das zweite einem jungen
Stier, das dritte hatte ein Gesicht wie ein Mensch, und das vierte sah aus wie
ein Adler im Flug. 8 Jedes dieser vier Wesen hatte sechs Flügel, und auch die
Flügel waren überall – selbst auf der Unterseite – mit Augen bedeckt.

Tag und Nacht rufen diese Wesen immer wieder aufs Neue:
„Heilig, heilig, heilig ist Gott, der Herr, der allmächtige Herrscher,
er, der war, der ist und der kommt.“

9 Und sooft sie dem Ehre erweisen, der auf dem Thron sitzt und in alle
Ewigkeit lebt, sooft sie ihn rühmen und ihm ihren Dank bringen, 10 werfen
sich auch die vierundzwanzig Ältesten vor ihm nieder und beten ihn an –
ihn, der auf dem Thron sitzt und in alle Ewigkeit lebt. Sie legen ihre Kronen
vor seinem Thron nieder und rufen:
11 „Würdig bist du, Herr, unser Gott,
Ruhm und Ehre zu empfangen
und für deine Macht gepriesen zu werden!
Denn du bist der Schöpfer aller Dinge;
nach deinem Willen wurde alles ins Dasein gerufen und erschaffen."

Bibelgespräch

(30–40 Minuten) Wählen Sie ggf. unter den Fragen aus.

1. Stellen Sie sich vor, Sie wären – wie Johannes – Zeuge dieser Szene gewesen. Welche Worte, Gefühle, Eindrücke von Gott fallen Ihnen besonders auf?

2. Wo ereignet sich diese Szene eigentlich? In einem Leben nach dem Tod? In einer Welt perfekter Ordnung, nachdem diese Welt vergangen sein wird? In einer bereits existierenden, außerweltlichen Realität (vgl. Eph 2,6)?

3. Wer ist die Person auf dem Thron? Was wird über die 24 Ältesten berichtet (vgl. Erläuterung zu 4,4)?

4. Was soll mit der Szene vor dem Thron ausgesagt werden? Welche Anspielungen auf das Alte Testament fallen Ihnen auf (vgl. ggf. auch die Erläuterungen)? Schlagen Sie ggf. nach: 1 Mo 9,12-17; 2 Mo 19,16-19; 25,31-40; Hes 1.

5. Welche Eigenschaft oder Aktion der vier Lebewesen sagt etwas über die ewige Macht Gottes aus (vgl. Erläuterungen zu 4,6).

6. Welche Reaktion fordert die Gestalt auf dem Thron heraus?

Austausch

(15–20 Minuten) Wählen Sie ggf. unter den Fragen aus.

1. Haben Sie Ihr Gebet in der vergangenen Woche als eine Hilfe oder eher als Last empfunden? An welchem Punkt hatten Sie besondere Mühe? Was gab Ihnen Anlass zu Freude?

2. Welcher Aspekt der Schöpfung verdeutlicht für Sie am besten Gottes Herrlichkeit und Macht? Warum?

3. Welche Rolle spielt Anbetung in Ihrem Gebetsleben? Haben Sie einen persönlichen Stil dafür?

4. Verändert diese Vision etwas an Ihrer inneren Haltung zum Beten? Verändert Sie etwas im Blick auf Ihren Alltag?

5. Möchten Sie ein Gebetsanliegen nennen?

ERLÄUTERUNGEN

4,1-11. In der ersten Vision in 1,9 – 3,22 ging es um den erhöhten Christus, der sich um seine Gemeinde sorgt („einiges ... betrifft die Gegenwart"; 1,19). In der zweiten Vision (4,1 – 16,21) geht es darum, *was in Zukunft geschehen wird* („anderes ... wird erst später geschehen", 1,19; 4,1). Die Vision zeigt den Konflikt zwischen der Gemeinde Jesu und den dämonischen Mächten, die in einer von Gott abgefallenen Gesellschaft herrschen. Das gilt im gleichen Maß für das Rom des 1. Jahrhunderts wie für die Herrschaft des Antichristen am Ende der Zeit. Die zweite Vision besteht aus einer Vielzahl von einzelnen Teilen. Die ersten beiden Abschnitte (Kap. 4 und 5) ereignen sich im himmlischen Thronsaal und beschreiben eine Schau der himmlischen Welt. Die Vision beginnt im Himmel mit der Manifestation Gottes, der das Weltall regiert. Es wird daran erinnert, dass inmitten der finsteren Tage am Ende die Gegenwart des allmächtigen Gottes im Himmel die letztgültige Realität ist und bleibt.

4,1. Danach. Mit diesem Satz wird ein neuer Abschnitt des Berichts über die Visionen eingeleitet.

4,2. ich sah einen Thron im Himmel stehen. Johannes wird ein Blick auf den Thron Gottes gewährt. Mit vielen Bildern versucht er in Worte zu fassen, was sich eigentlich nicht sagen lässt. Das Bild vom Thron begegnet uns in der Offenbarung mehr als vierzig Mal.

4,3. Diamant ... Karneol ... Smaragd. Was Johannes sieht, ähnelt dem leuchtenden Glanz von Edelsteinen. Licht wird oft als Bild gebraucht, um Gott zu beschreiben (Ps 104,2; 1 Tim 6,16). **Regenbogen.** Um den Thron befindet sich ein Bogen aus Licht.

4,4. vierundzwanzig Älteste. Es gibt unterschiedliche Deutungsversuche für diese Personengruppe. Einige Ausleger sehen in ihnen die vierundzwanzig Hauptfiguren des AT und NT (die zwölf Stammväter Israels und die zwölf Apostel) und damit Repräsentanten für das alte und das neue Bundesvolk Gottes. Andere sehen in ihnen Engel, die Gott bei der Ausübung seiner Herrschaft über das Universum zur Verfügung stehen. In jedem Fall haben sie die Aufgabe, Gott anzubeten und ihm zu dienen. – Im alttestamentlichen Israel und in den jüdischen und christlichen Gemeinden zur Zeit des Neuen Testaments bezeichnet das Wort „Älteste" einfach Menschen, die in der Gemeinde eine leitende Position innehaben.

4,5. Blitze ... Donnergrollen. Im Alten Testament wird die Erscheinung Gottes wiederholt von Blitz und Donner begleitet (vgl. 2 Mo 19,16-17; Hiob 37,2-5; Ps 18,13-15; Hes 1,13). Diese Phänomene vermitteln einen Eindruck von seiner Ehrfurcht gebietenden Macht. **sieben Fackeln.** Wahrscheinlich ein Symbol für die Gegenwart des Heiligen Geistes (vgl. Erl. zu 1,4).

4,6. ein gläsernes Meer. Das kristallene Äußere spiegelt das blitzende und vielfarbige Licht des Throns wider und verstärkt die Ehrfurcht gebietende Atmosphäre (vgl. 2 Mo 24,10; Hes 1,22). Nach Auffassung mancher Ausleger handelt es sich bei dem gläsernen Meer (s. auch Kapitel 15,2) um das himmlische Gegenstück zu dem großen Bronzebecken, das im Tempel von Jerusalem stand und das im Alten Testament als Meer bezeichnet wird (1.Könige 7,23-26.39). **vier lebendige Wesen.** Sie entsprechen den himmlischen Gestalten (Seraphim und Cherubim), die Jesaja und Hesekiel in ihren Visionen (Hes 10,14) sahen. Es handelt sich um engelhafte Wesen, die Gott dienen.

4,8. Flügel ... Diese Flügel deuten vermutlich die Allgegenwart Gottes an. **... überall mit Augen bedeckt.** Hier könnte die Allwissenheit Gottes angedeutet sein.

Das Buch und das Lamm

Offenbarung 5,1-14

6

1. Was war der beste Chor oder die beste Band/Orchester, die Sie jemals gehört haben?
2. Haben Sie schon einmal eine Situation erlebt, in der Sie ein langes Schweigen ertragen mussten? Wie haben Sie dies empfunden?
3. Ist Ihnen in Ihrem Leben schon einmal ein „Retter in der höchsten Not“ begegnet?

Einstieg

(15–20 Minuten) Wählen Sie bitte eine oder zwei Fragen aus.

Das versiegelte Buch und das Lamm

BIBELTEXT

1 Jetzt sah ich, dass der, der auf dem Thron saß, in seiner rechten Hand
eine Buchrolle hielt. Sie war innen und außen beschrieben und war mit sie-
ben Siegeln versiegelt. 2 Und ich sah einen mächtigen Engel, der mit lauter
Stimme rief: „Wer ist würdig, das Buch zu öffnen? Wer hat das Recht, seine
Siegel aufzubrechen?“ 3 Aber da war niemand, weder im Himmel noch auf
der Erde, noch unter der Erde, der das Buch öffnen konnte, um zu sehen, was
darin stand; 4 keiner war zu finden, der würdig gewesen wäre, die Buchrolle
aufzumachen und etwas von ihrem Inhalt zu erfahren. Darüber weinte ich
sehr. 5 Doch einer der Ältesten sagte zu mir: „Weine nicht! Einer hat den Sieg
errungen – der Löwe aus dem Stamm Juda, der Spross, der aus dem Wurzel-
stock Davids hervorwuchs. Er ist würdig, das Buch mit den sieben Siegeln
zu öffnen.“

6 Nun sah ich in der Mitte, da, wo der Thron war, ein Lamm stehen, um-
geben von den vier lebendigen Wesen und den Ältesten. Es sah aus wie ein
Opfertier, das geschlachtet worden ist, und hatte sieben Hörner und sieben
Augen. (Die sieben Augen sind die sieben Geister Gottes, die in die ganze
Welt ausgesandt sind.) 7 Das Lamm trat vor den hin, der auf dem Thron saß,
um das Buch in Empfang zu nehmen, das er in seiner rechten Hand hielt.
8 Als es das Buch entgegengenommen hatte, warfen sich die vier lebendi-
gen Wesen und die vierundzwanzig Ältesten vor ihm nieder. Jeder von den
Ältesten hatte eine Harfe; außerdem hatten sie goldene, mit Räucherwerk
gefüllte Schalen. (Das Räucherwerk sind die Gebete derer, die zu Gottes hei-
ligem Volk gehören.)

9 Nun sangen die vier lebendigen Wesen und die Ältesten ein neues Lied;
es lautete:

„Würdig bist du, das Buch entgegenzunehmen und seine Siegel zu öffnen!
Denn du hast dich als Schlachtopfer töten lassen
und hast mit deinem Blut Menschen aus allen Stämmen und Völkern
für Gott freigekauft, Menschen aller Sprachen und Kulturen.
[10] Du hast sie zu Mitherrschern gemacht, zu Priestern für unseren Gott,
und sie werden einmal auf der Erde regieren."

[11] Dann sah ich eine unzählbar große Schar von Engeln – tausendmal
Tausende und zehntausendmal Zehntausende. Sie standen im Kreis rings
um den Thron, um die vier lebendigen Wesen und um die Ältesten, und ich
hörte,[12] wie sie in einem mächtigen Chor sangen:

„Würdig ist das Lamm, das geopfert wurde,
Macht und Reichtum zu empfangen,
Weisheit und Stärke,
Ehre, Ruhm und Anbetung!"

[13] Und alle Geschöpfe im Himmel, auf der Erde, unter der Erde und im
Meer – alle Geschöpfe im ganzen Universum – hörte ich mit einstimmen
und rufen:

„Anbetung, Ehre, Ruhm und Macht
für immer und ewig dem, der auf dem Thron sitzt,
und dem Lamm!"

[14] Die vier lebendigen Wesen antworteten: „Amen!" Und die Ältesten war-
fen sich nieder und beteten an.

Bibelgespräch

(30–40 Minuten)
Wählen Sie ggf. unter den Fragen aus.

1. Warum ist das Buch so bedeutsam? Was könnte es enthalten?

2. Warum ist allein Christus in der Lage, das Buch zu öffnen (vgl. V. 4.9; Joh 1,29)? Was drücken die Bezeichnungen „Löwe" und „Lamm" aus? Inwiefern ist Christus beides?

3. Was bedeuten die sieben Hörner und die sieben Augen (vgl. Erläuterung 5,1 und 5,6)?

4. Untersuchen Sie kurz die drei Lieder. Wie wird das Lamm beschrieben? Wie setzen sich die verschiedenen Chöre und Musiker zusammen? Wer ist mit den Königen und Priestern auf Erden gemeint?

5. Was halten Sie an diesem Text sonst noch für bedeutsam oder beachtenswert? Welche Gedanken, Gefühle, Fragen oder Erkenntnisse weckt er in Ihnen?

1. Welche Bedeutung hatte diese Vision und die Vision in Kap. 4 für die verfolgten Christen in Kleinasien? Was sagt uns diese Vision für unsere heutige Zeit? Könnte sie Ihr Leben in der kommenden Woche beeinflussen?

2. Welche Rolle spielt das Lob und die Anbetung Gottes im Gottesdienst Ihrer Gemeinde?

3. Formulieren Sie doch einmal Ihren eigenen persönlichen Lobgesang in Anlehnung an die hier wiedergegebenen himmlischen Gesänge. Was würden Sie herausstellen? Wie würden Sie Ihren Lobpreis begründen?

4. Kann diese Gruppe in irgendeiner Weise dazu beitragen, Sie in Ihrem Glauben zu ermutigen?

5. Haben Sie ein Gebetsanliegen, das Sie nennen möchten?

Austausch

(15–20 Minuten) Wählen Sie ggf. unter den Fragen aus. Sie können das Gespräch mit einem gemeinsamen Gebet abschließen.

ERLÄUTERUNGEN

5,1-14. Die Perspektive der Szene verändert sich. Von Gott und den ihn umgebenden Dienern wandert der Blick zum „Lamm“. Das Lamm öffnet eine versiegelte Buchrolle, und damit beginnt die Auseinandersetzung mit Satan und den widergöttlichen Mächten.

5,1. in seiner rechten Hand. Gott hält die ganze Menschheitsgeschichte in seiner Hand. Er ist souverän. Egal wie mächtig auch das Böse zu sein scheint, letztlich ist es Gott, der den Ablauf der Ereignisse bestimmt. **eine Buchrolle.** Der Inhalt des Buches wird hier zunächst nicht genannt. Erst die folgenden Kapitel zeigen, dass darin die von Gott vorherbestimmten Ereignisse der Endzeit verzeichnet sind, die sowohl die Rettung des Volkes Gottes als auch das Gericht über die Gottlosen einschließen. **sieben.** Die Zahl Sieben erscheint immer wieder in der Bibel und sehr häufig in der Offenbarung. Sie ist ein Symbol für Vollkommenheit oder Abgeschlossenheit. Gott schuf z. B. die Erde in sieben Tagen. **Siegel.** Die Schriftrolle ist längs der Kante mit sieben Wachssiegeln verschlossen. Sie verbürgen die Unversehrtheit des Inhaltes. Diese Siegel müssen gebrochen werden, um den Inhalt lesen zu können. Das Brechen jedes einzelnen Siegels setzt jeweils weitreichende Ereignisse in Gang.

5,2-3. mit lauter Stimme… im Himmel… auf der Erde… unter der Erde. Durch die ganze Schöpfung (Himmel, Erde und Totenreich) ergeht ein Ruf nach jemandem, der die Weltgeschichte zu ihrem Ende führen kann. Aber es findet sich keiner.

5,4. Darüber weinte ich sehr. Der Gedanke, dass Gottes abschließendes Handeln in der Geschichte aufgeschoben werden muss, bis ein würdiger Mittler gefunden wird, ist so überwältigend für Johannes, dass er in Tränen ausbricht.

5,5. „Weine nicht!“ Ein Ältester beruhigt Johannes. Es gibt jemanden, der würdig ist, diese Aufgabe zu erfüllen. Christus allein ist in der Lage zu offenbaren, wohin die Geschichte gehen und wie sie enden wird. Die Bedeutung der Zukunft kann nicht ohne Christus verstanden werden. **der Löwe aus dem Stamm Juda.** Ein alter Titel für den

Messias (vgl. 1 Mo 49,9). Es ist ein Bild für den siegreichen König. **aus dem Wurzelstock Davids.** Ein weiterer messianischer Titel, der darauf hinweist, dass der Messias aus der königlichen Linie Davids stammt (Jes 11,1). **Einer hat den Sieg errungen.** Durch seinen Tod am Kreuz hat Jesus über das Böse, die Sünde und den Tod gesiegt (vgl. Kol 2,15; 2 Tim 1,10; Hebr 2,14-15). Obwohl dieser Sieg bereits geschehen ist, werden seine Auswirkungen erst am Ende der Zeit umfassend in Kraft gesetzt. Die Erklärung hat die Funktion, ein weiteres Mal zu versichern, dass der Ausgang der bevorstehenden Auseinandersetzung bereits feststeht.

5,6. ein Lamm. Aus dem Löwen ist ein Lamm geworden. Als „Opferlamm Gottes" bezeichnet Johannes der Täufer Jesus, als er ihm zum ersten Mal begegnet (Joh 1,29). Der Sieg Gottes ist nur möglich durch das Opfer des Lammes. Das Volk Israel opferte am Passahfest ein Lamm und erinnerte damit an die Befreiung aus der Knechtschaft in Ägypten (2 Mo 12,13). Bevor Jesus kam, konnte man sich in Israel keinen siegreichen Messias vorstellen, der wie ein Opferlamm geschlachtet wird, obwohl Jesaja 53 eine solche Vorstellung nahelegt. **sieben Hörner.** Das Horn ist im Alten Testament ein Symbol der Kraft (z. B. 5 Mo 33,17). Die sieben Hörner deuten eine gewaltige Machtfülle an (vgl. Mt 28,18). **sieben Augen.** Jesus besitzt auch die Fülle der Einsicht, d. h. Allwissenheit (vgl. Sach 4,10).

5,8. Als das Lamm das Buch ergreift, bricht der ganze Himmel in Jubel aus. **Räucherwerk.** Weihrauch wurde im alttestamentlichen Gottesdienst verwendet (vgl. 5 Mo 33,10). Hier steht er für die Gebete der Gemeinde.

5,9. ein neues Lied. Es erklingt ein Gesang, wie er nie zuvor gehört wurde. Etwas völlig Neues beginnt. **freigekauft.** Das Wort beschreibt die Auslösung eines Sklaven aus einem Dienstverhältnis durch die Bezahlung eines Lösegeldes. Der Kaufpreis ist in diesem Fall das Blut Christi. Es erkaufte die Freiheit der Menschen aus der Sklaverei der Sünde.

5,10. Mitherrscher… Priester. Nachfolger Jesu werden zu Königen und Priestern. Sie haben Anteil an Gottes Herrschaft und Zugang zu seiner Gegenwart. **auf der Erde regieren.** Damit sein Volk auf Erden regieren kann, muss die Herrschaft Gottes in vollem Umfang durchgesetzt sein. Damit das geschehen kann, ist es nötig, die Siegel zu öffnen und das endzeitliche Geschehen zu eröffnen.

Die ersten sechs Siegel

7

Offenbarung 6,1-17

Einstieg

(15–20 Minuten) Wählen Sie bitte eine oder zwei Fragen aus.

1. Welche Menschen, Interessengruppen, Parteien usw. haben Ihrer Meinung nach auf der Welt am meisten zu sagen bzw. die größte Macht?

2. Welche Zeiten in der Geschichte würden Sie als „apokalyptisch" bezeichnen? Gibt es Ihrer Meinung nach auch heute apokalyptische Züge in der Entwicklung der Weltgeschichte?

3. Haben Sie gelegentlich Albträume? Wie gehen Sie damit um?

BIBELTEXT

Die ersten vier Siegel: Die vier Pferde und ihre Reiter

1 Nun sah ich, wie das Lamm das erste von den sieben Siegeln der Buch-
rolle öffnete. Daraufhin hörte ich eines der vier lebendigen Wesen rufen:
„Komm!" Die Stimme war so laut, dass es wie ein Donnerschlag klang.
2 Und auf einmal sah ich ein weißes Pferd und auf dem Pferd einen Reiter,
der einen Bogen in der Hand hielt. Dem Reiter wurde ein Siegeskranz ge-
geben, worauf er wie ein siegreicher Feldherr losritt; nichts konnte seinen
Siegeszug aufhalten.

3 Als das Lamm das zweite Siegel öffnete, hörte ich das zweite der leben-
digen Wesen rufen: „Komm!" 4 Wieder erschien ein Pferd, aber im Unter-
schied zum ersten war es feuerrot. Seinem Reiter wurde ein großes Schwert
gegeben, und er erhielt die Macht, den Frieden von der Erde wegzunehmen,
sodass die Menschen sich gegenseitig hinschlachteten.

5 Als das Lamm das dritte Siegel öffnete, hörte ich das dritte der leben-
digen Wesen rufen: „Komm!" Diesmal sah ich ein schwarzes Pferd, dessen
Reiter eine Waage in der Hand hielt. 6 Und eine Stimme, die von dort zu
kommen schien, wo die vier lebendigen Wesen waren, hörte ich rufen: „Ein
Kilo Weizen zu einem vollen Tageslohn! Drei Kilo Gerste zu einem vollen
Tageslohn! Aber Öl und Wein darfst du nicht knapp werden lassen!"

7 Als das Lamm das vierte Siegel öffnete, hörte ich das vierte der lebendi-
gen Wesen rufen: „Komm!" 8 Und wieder sah ich ein Pferd; diesmal war es
fahlgelb. Der Reiter, der darauf saß, hieß „der Tod", und sein Gefolge war
das Totenreich. Ihnen wurde die Macht gegeben, ein Viertel der Menschheit
durch Krieg, Hungersnot, Seuchen und wilde Tiere umkommen zu lassen.

Das fünfte Siegel: Die Seelen der Märtyrer beim Altar

9 Nun öffnete das Lamm das fünfte Siegel. Da sah ich am Fuß des Altars
die Seelen derer, die umgebracht worden waren, weil sie an Gottes Wort
festgehalten und sich zur Botschaft von Jesus bekannt hatten. 10 Mit lauter
Stimme riefen sie: „Du heiliger und gerechter Herrscher! Wie lange dauert
es noch, bis du über die Bewohner der Erde Gericht hältst und sie dafür zur
Rechenschaft ziehst, dass unser Blut an ihren Händen klebt?“ 11 Daraufhin
erhielt jeder von ihnen ein weißes Gewand, und es wurde ihnen gesagt, sie
sollten noch eine kurze Zeit Geduld haben. Ihre Zahl sei noch nicht vollstän-
dig; denn auch unter ihren Geschwistern, die wie sie Gott dienten, gebe es
noch solche, denen es bestimmt sei, dasselbe Schicksal zu erleiden und für
ihren Glauben zu sterben.

Das sechste Siegel: Der Tag des Zorns

12 Nun sah ich, wie das Lamm das sechste Siegel öffnete. Ein heftiges Beben
erschütterte die Erde, die Sonne wurde schwarz wie ein Trauergewand, der
Mond verfärbte sich vollständig und wurde rot wie Blut, 13 und die Sterne fie-
len auf die Erde wie Feigen, die der Herbststurm vom Baum schüttelt. 14 Der
Himmel verschwand, als wäre er eine Pergamentrolle, die man zusammen-
rollt, und kein Berg und keine Insel blieben an ihrem Platz. 15 Die Könige der
Erde, die hohen Beamten und die Generäle, die Reichen und die Mächtigen,
aber auch alle anderen Menschen – Sklaven genauso wie Freie – flüchteten
ins Gebirge und versteckten sich dort in Höhlen und Felsspalten. 16 Sie fleh-
ten die Berge und Felsen an: „Fallt doch auf uns und verbergt uns vor den
Blicken dessen, der auf dem Thron sitzt, und vor dem Zorn des Lammes!
17 Denn jetzt ist er da, der furchtbare Tag, an dem ihr Zorn über uns herein-
bricht. Wer kann da noch bestehen?“

Bibelgespräch

(30–40 Minuten)
Wählen Sie ggf. unter den Fragen aus.

1. Für wen oder was steht jeder der vier Reiter (vgl. die Erläuterungen)? Worin ähneln sich die ersten beiden Reiter, worin unterscheiden sie sich?

2. Wie erklären Sie sich, dass beim Erscheinen des dritten Reiters Wein und Öl von der Teuerung ausgenommen werden?

3. Wie hat jede der hier beschriebenen vier Gewalten bereits bisher in der Geschichte gewirkt? Wie schätzen Sie ihr Wirken in der Gegenwart ein?

4. Was geschieht beim Öffnen des fünften Siegels? Wie verhält sich das zu den Leiden der Christen?

5. Was geschieht, als das sechste Siegel gebrochen wird (vgl. Mk 13,3 ff.)?

6. Welche Einsicht vermittelt Ihnen diese Passage von der Endzeit?

1. Wenn Sie einen Bericht über Ihr Leben als Christ in den vergangenen sieben Tagen schreiben sollten, was hätten Sie dann Positives, was Negatives zu berichten?

2. Haben Sie schon einmal den Wunsch verspürt, sich vor Gott zu verbergen? Was war der Anlass?

3. Die Katastrophen und Gerichte, die das Öffnen der Siegel auslöst, versetzen die Menschen in Angst und Schrecken. Was bedeutet für Sie die Tatsache, dass es das Lamm ist, das die Siegel öffnet?

4. Wenn Sie morgen einen Brief von Gott an Sie persönlich erhalten würden, was sollte darin stehen?

5. Haben Sie ein Gebetsanliegen, das Sie nennen möchten?

Austausch

(15–20 Minuten) Wählen Sie ggf. unter den Fragen aus. Sie können das Gespräch mit einem gemeinsamen Gebet abschließen.

ERLÄUTERUNGEN

6,1 – 8,1. Den Hintergrund für die zweite Vision (Kap. 6 – 16), die die dramatischen Ereignisse der Endzeit ausmalt, bildet noch immer die Vision des himmlischen Thronsaals (Kap. 4 und 5). Den Auftakt gibt das Öffnen der sieben Siegel (6,1 – 8,1).

6,1.2. Nur einer kann die Siegel der Schriftrolle öffnen – Christus ist der Einzige, der würdig ist, die nun folgenden Ereignisse in Gang zu setzen. Die Farben der vier Reiter stehen auch für die vier Himmelsrichtungen, aus denen sie kommen. **ein weißes Pferd.** Es hat verschiedene Vermutungen über die Identität des Reiters auf dem weißen Pferd gegeben. Vermutlich muss man in ihm eine militärische Macht sehen, deren Eroberungsfeldzug nicht zu stoppen ist. **Bogen.** Im AT ist der Bogen ein Symbol militärischer Macht und ein Symbol des Sieges (Hos 1,5 wörtl.; Jer 51,56; Hes 39,3). Auch die Reitervölker aus dem Osten (z. B. die Parther), die das Römische Reich im 1. Jahrhundert immer wieder bedrohten, nutzten diese Waffe.

6,3.4. Das zweite Siegel wird geöffnet und ein Reiter auf einem roten Pferd erscheint. Er steht für Bürgerkrieg, für den Kampf aller gegen alle, für Umsturz und Revolution.

6,5. Beim Öffnen des dritten Siegels erscheint ein Reiter auf einem schwarzen Pferd. Er symbolisiert eine Zeit großer wirtschaftlicher Probleme und Hungersnöte. **Waage.** Sie steht hier nicht etwa als Symbol der Gerechtigkeit, sondern der Rationierung, der Knappheit und Teuerung.

6,6. Nahrung, speziell die Grundnahrungsmittel, werden zum Zehnfachen des sonst üblichen Preises verkauft. **zu einem vollen Tageslohn.** Zur damaligen Zeit verdiente ein Arbeiter einen Dinar (eine römische Münze) am Tag (vgl. Mt 20,2). Das war normalerweise genug, um eine ganze Familie zu ernähren. Nun konnte man damit gerade noch eine einzelne Person versorgen. Öl und Wein. Einige Ausleger meinen, Öl und Wein seien Luxusgüter gewesen. Weil nur die Reichsten sich das noch würden leisten können, wäre eine Verschärfung der Kluft zwischen Arm und Reich die Folge. Andere bestreiten diese Auffassung und sehen in den gleichbleibenden Preisen von Öl und Wein eine Begrenzung der Teuerung als Zeichen der Gnade mitten im Gericht.

6,7.8. Der vierte Reiter steht für den Tod (s. auch Hes 14,21). **Totenreich**. S. Erklärung zu Offb 20,13. **Hungersnot.** Nun geht es nicht mehr um eine Zeit des Mangels (s. der schwarzer Reiter), sondern um den Tod durch Hunger.

6,9. Mit dem Öffnen des fünften Siegels tut sich eine neue Szenerie auf. Diejenigen, die für Gott ihr Leben gelassen haben, sind unter dem Altar versammelt – ein Ausdruck dafür, dass ihr Sterben auf Erden aus Gottes Sicht ein Opfer ist. **weil sie an Gottes Wort festgehalten haben.** Bis zum Tode haben sie Jesus die Treue gehalten.

6,10. du heiliger… Herrscher. Die Märtyrer appellieren an Gottes Heiligkeit. Weil vor Gott das Böse langfristig nicht bestehen kann, wird er gebeten, das Unrecht zu bestrafen, das ihnen angetan wurde. **Bewohner der Erde.** In der Offenbarung meint dieser Ausdruck Menschen, die Gott feindlich gegenüberstehen.

6,11. noch eine kurze Zeit Geduld haben. Die Treugebliebenen werden getröstet: es wird nur noch eine kurze Zeit dauern, bis Gott sein Werk vollendet. **weißes Gewand.** Das weiße Kleid ist Symbol dafür, dass sie bereits in der Gemeinschaft mit Gott leben.

6,12-14. Das sechste Siegel wird geöffnet. Johannes sieht kosmische Katastrophen, die Vorboten des Endes sind. **Sonne, Mond, Sterne.** Selbst der festgelegte, wohl geordnete Lauf der Himmelskörper gerät aus den Fugen (vgl. Jes 34,4; Apg 2,20). **als wäre er eine Pergamentrolle, die man zusammenrollt.** Bei diesem Bild ist an eine Papyrusrolle gedacht, die über den Himmel ausgespannt ist. Wenn ein Ende der Rolle losgelassen wird, rollt sie sich rasch zusammen.

6,15-17. Wenn schon die Kräfte der Natur den Menschen beeindrucken und verängstigen können, wie viel mehr erst die Gewalt dieser kosmischen Katastrophen. Der Schrecken ist so groß, dass Männer und Frauen aller Schichten (sieben Kategorien werden genannt) versuchen, sich vor dem Zorn dessen zu verbergen, der das Ende heraufbringt (vgl. Jes 2,19; Mal 3,2). **Zorn des Lammes.** Dies ist ein ungewöhnliches Bild, da das Lamm gewöhnlich als sanft betrachtet wird – ein bewusster Widerspruch, der die Leser zum Aufmerken bringen soll. **der furchtbare Tag, an dem ihr Zorn über uns hereinbricht.** Es finden sich viele Bezeichnungen für diese letzte Zeit der Welt (*Tag* meint hier offenbar einen längeren Zeitraum als 24 Stunden). Der Blick wird auf das Gericht gelenkt. Wer seine Hoffnung nicht auf Gott gesetzt hat, wird dann erleben, wie haltlos sein Lebenskonzept war. Wer die vom Lamm bewirkte Erlösung abgelehnt hatte, muss nun die Konsequenzen seiner Sünde auf sich nehmen.

Die Auserwählten Gottes

8

Offenbarung 7,1-17

1. Welche Ziele waren in Ihrem Leben bisher für Sie unverzichtbar? Haben Sie sie erreicht? Welche haben Sie noch vor sich? Wie gehen Sie damit um, wenn Sie an einem Ziel scheitern?

2. Glauben Sie an Engel? Was verbinden Sie damit?

3. Haben Sie schon einmal einen Hurrikan oder einen sehr starken Sturm erlebt? Welche Empfindungen hat er in ihnen ausgelöst?

Einstieg

(15–20 Minuten)
Wählen Sie bitte eine oder zwei Fragen aus.

BIBELTEXT

Die Versiegelung der 144 000 aus den zwölf Stämmen Israels

1 Danach sah ich vier Engel, die an den vier äußersten Enden der Erde stan-
den. Sie hielten die vier Sturmwinde zurück, die aus allen vier Himmels-
richtungen über Land und Meer hereinzubrechen und sämtliche Bäume zu
entwurzeln drohten. 2 Dann sah ich im Osten einen anderen Engel herauf-
steigen. Er hielt das Siegel des lebendigen Gottes in der Hand und rief den
vier Engeln, die die Macht bekommen hatten, auf dem Land und auf dem
Meer Verwüstungen anzurichten, mit lauter Stimme zu: 3 „Verwüstet das
Land und das Meer noch nicht! Richtet an den Bäumen noch keinen Scha-
den an! Erst müssen wir denen, die unserem Gott dienen, sein Siegel auf
die Stirn drücken!"

4 Daraufhin wurde mir die Zahl derer genannt, die das Siegel erhalten sollten. Es waren hundertvierundvierzigtausend Menschen aus allen Stämmen Israels:

5 zwölftausend aus Juda, zwölftausend aus Ruben,
zwölftausend aus Gad, 6 zwölftausend aus Ascher,
zwölftausend aus Naftali, zwölftausend aus Manasse,
7 zwölftausend aus Simeon, zwölftausend aus Levi,
zwölftausend aus Issaschar, 8 zwölftausend aus Sebulon,
zwölftausend aus Josef und zwölftausend aus Benjamin.
Ihnen allen wurde das Siegel Gottes auf die Stirn gedrückt.

Die Erlösten aus allen Völkern vor dem Thron Gottes

9 Danach sah ich eine riesige Menschenmenge aus allen Stämmen und Völ-
kern, Menschen aller Sprachen und Kulturen; es waren so viele, dass nie-
mand sie zählen konnte. In weiße Gewänder gehüllt, standen sie vor dem
Thron und vor dem Lamm, hielten Palmzweige in den Händen 10 und riefen
mit lauter Stimme:

„Das Heil kommt von unserem Gott, der auf dem Thron sitzt,
und von dem Lamm!"

11 Diesem Lobpreis schloss sich die ganze unzählbar große Schar der En-
gel an, die rings um den Thron und um die Ältesten und die vier lebendigen
Wesen standen. Sie warfen sich vor dem Thron nieder und beteten Gott an.

12 „Amen, so ist es!", riefen sie.
„Anbetung, Ehre und Dank ihm, unserem Gott!
Herrlichkeit und Weisheit, Macht und Stärke
gehören ihm für immer und ewig! Amen."

13 Einer der Ältesten wandte sich zu mir und sagte: „Weißt du, wer diese
Menschen in den weißen Gewändern sind und woher sie kommen?" –
14 „Sag du es mir, mein Herr", erwiderte ich; „du weißt es." Da sagte er:
„Diese Menschen sind durch die größte Bedrängnis gegangen, die es je
gegeben hat. Ihre Gewänder sind deshalb so weiß, weil sie sie im Blut des
Lammes gewaschen haben. 15 Darum stehen sie jetzt vor Gottes Thron und
dienen Gott Tag und Nacht in seinem Tempel. Er, der auf dem Thron sitzt,
ist für sie wie ein Zelt, unter dem sie für immer geborgen sind. 16 Weder
Hunger noch Durst wird sie jemals mehr quälen. Die Sonne wird nicht mehr
auf sie herabbrennen, und sie werden keiner Gluthitze mehr ausgesetzt
sein. 17 Denn das Lamm, das du in der Mitte stehen siehst, dort, wo der
Thron ist, wird ihr Hirte sein und sie zu den Quellen führen, aus denen das
Wasser des Lebens fließt. Und Gott wird alle ihre Tränen abwischen."

Bibelgespräch

(30–40 Minuten) Wählen Sie ggf. unter den Fragen aus.

1. Handelt es sich bei dem, was die vier Engel vorhaben, um „neue" Katastrophen oder werden nur die Ereignisse von Kap. 6 wiederholt?
2. Formulieren Sie die Botschaft des fünften Engels in eigenen Worten. Wann erfolgt die Versiegelung? Was bedeutet das?
3. Was sagen Offb 7,9 und 14,1-5 über die 144 000 Empfänger des Siegels?
4. Was sieht Johannes als Nächstes kommen (V. 9-17)? Wie beschreibt er die Größe der Menschenmenge? Ist diese Menschenmenge dieselbe wie die der 144 000 (V. 4)?

5. Welche Bedeutung haben die weißen Gewänder, die Palmzweige und die Waschung?

6. Welche neue Aufgabe haben die Menschen in den weißen Kleidern? Was wird über ihre Zukunft gesagt? Inwiefern konnte das die Christen zurzeit des Johannes ermutigen? Kann es uns heute auch ermutigen?

Austausch

(15–20 Minuten) Wählen Sie ggf. unter den Fragen aus. Sie können das Gespräch mit einem gemeinsamen Gebet abschließen.

1. Gibt es in Ihrem Leben auch eine Art „Siegel", das Gott Ihnen aufgedrückt hat? Ist dieses Siegel auch für andere Menschen sichtbar?

2. Welche Christen waren für Sie bereits einmal wie ein frischer Wind in Ihrem Leben? Woran lag das?

3. Haben Sie in den letzten sechs Monaten in irgendeiner Situation Gottes Bewahrung erlebt?

4. Sind Verfolgung, Leid und Bedrängnis eine spezifische Erfahrung einzelner Christen?

5. Gab es in Ihrem Leben auch schon eine bedrohliche Notzeit? Was hat Ihnen in dieser Zeit am meisten geholfen?

6. Sehen Sie mit dem Bild von V. 14-17 Ihre größten Zukunftshoffnungen erfüllt? Warum? Warum nicht?

ERLÄUTERUNGEN

7,1-17. Kapitel 7 ist ein dramatisches „Zwischenspiel" zwischen dem Öffnen des sechsten und des siebten Siegels. Dem Entsetzen, das die ganze Welt ergriffen hat, wird hier die Geborgenheit und Sicherheit der Glaubenden gegenübergestellt. Das Kapitel besteht aus zwei Teilen: der Versiegelung der 144 000 (7,1-8) und der großen Menschenmasse vor dem Thron (7,9-17). Solche Unterbrechungen der Katastrophenschilderung begegnen uns in der Offenbarung immer wieder (z.B. 10,1-11,14). Sie stellen eine Hintergrundfolie für die folgenden Abschnitte dar. An dieser Stelle – vor dem Bericht über die große Verfolgungszeit – soll die Gemeinde Gewissheit erhalten, dass sie diese schwere Prüfung Gottes überstehen wird. Kapitel 7 beantwortet die Frage, die in 6,17 gestellt wird: „Wer kann da bestehen?"

7,1-4. an den vier äußersten Enden der Erde. Die Erde wird als ein gewaltiges Viereck beschrieben. In jeder Himmelsrichtung steht ein Engel, der die **Sturmwinde** (die Verderben, Schrecken und Tod bringen) so lange zurückhält, bis die 144 000, die zu Gott gehören, mit dem Siegel Gottes gekennzeichnet sind. **Siegel.** Vermutlich ist an den Siegelring eines Königs gedacht, der benutzt wurde, um die Echtheit von Dokumenten zu belegen. Das **Siegel des lebendigen Gottes** soll das Volk Gottes kennzeichnen, damit es von den kommenden Plagen verschont bleibt (9,4) – ähnlich wie in der

Zeit des Auszugs aus Ägypten, als die Israeliten die Türpfosten mit dem Blut eines Lammes bestreichen mussten, damit der Todesengel an ihnen vorbeiging.

7,5-8. Es hat immer wieder Spekulationen darüber gegeben, wer diese **144000** sein könnten. Die Zahl symbolisiert die absolute, höchstmögliche Gesamtzahl (12 x 12 x 1000 – Zwölf ist die Zahl der Vollständigkeit, Tausend die Zahl der Fülle). Gemeint sind damit alle Menschen, die Christus treu geblieben sind. Sie sind das geistliche Israel, wie die Aufzählung der Stämme Israels verdeutlicht. Das Neue Testament sieht vielerorts in der Gemeinde der Gläubigen das neue Israel (vgl. Röm 2,28-29; 4,11; Gal 3,29; Phil 3,3; Offb 2,9; 3,9). Für diese Deutung spricht auch V. 9, in dem von **einer riesige[n] Menschenmenge** (= die 144000) die Rede ist.

7,9-17. Die Szene wendet sich nun von der Zeit der Verfolgung ab, hin zur Zeit nach ihrem Ende. Eine **riesige Menschenmenge aus allen Stämmen und Völkern** bringt Gott ihren Lobpreis dar. Bevor Johannes im nächsten Abschnitt die dunkle Zeit der großen Verfolgung beschreibt, richtet er den Blick schon darüber hinaus auf den Tag des endgültigen Sieges.

7,10. Das gesungene Lied ist nicht, wie man erwarten könnte, ein Danklied für die Befreiung durch Gott. Es ist vielmehr ein Lobpreis auf das Erlösungswerk Gottes. Diese Erlösung beinhaltet viel mehr als lediglich die Befreiung aus der großen Leidenszeit.

7,11.12. Alle himmlischen Wesen – Engel, Älteste und Lebewesen – stimmen mit ihrem eigenen Lobpreis ein: So ergibt sich ein siebenfaches Lob, in dem nacheinander bestimmte Eigenschaften Gottes gepriesen werden.

7,13.14. Die Frage nach der Identität der großen Menge wird gestellt und im Anschluss beantwortet. Die Dialogform wird in der prophetischen Literatur häufig zur Deutung einer Vision gebraucht (vgl. Jer 1,11.13; 24,3; Amos 7,8; 8,2; Sach 4,5).

7,14. sie sind durch die größte Bedrängnis gegangen. Die naheliegendste Erklärung weist auf die Märtyrer aus der Zeit der großen Verfolgung, also jene, die ihren Glauben bis in den Tod festgehalten haben. **die größte Bedrängnis, die es je gegeben hat.** Wörtl.: *große Trübsal.* Dieses Ereignis wird sowohl im Alten wie im Neuen Testament erwähnt. Daniel 12,1 verweist auf eine künftige Zeit großer Not. Jesus nimmt die Worte aus Daniel 12 auf und fügt ihnen weitere Elemente hinzu. „Denn es wird eine Not herrschen, wie es sie von Beginn der Welt an bis heute nicht gegeben hat. Würde diese Zeit nicht verkürzt, dann würde kein Mensch gerettet werden; aber um der Auserwählten willen wird sie verkürzt werden" (Mt 24,21-22). Zwar würde das Volk Gottes im Laufe der Geschichte immer wieder Leid und Verfolgung erleben (Joh 16,33; 2 Tim 3,12); aber bei dem was hier gemeint ist, handelt es sich um eine Zeit der Verfolgungen ohne Beispiel in der Geschichte.

7,15. wie ein Zelt, unter dem sie für immer geborgen sind. Wörtl.: *er wird sein Zelt über sie ausbreiten.* Ein Hinweis auf das heilige Zelt (2 Mo 26,1ff.; 3 Mo 26,11-13), in dem die Gegenwart Gottes wohnte. Das Zelt steht für Schutz und Bewahrung durch Gott (s. auch Hes 37,27; Sach 2,9; Jes 49,10).

7,16.17. Die Bilder beschreiben das Kommen des Königreiches Gottes in seiner ganzen Fülle (vgl. 21,1-5; 22,1-5).

7,16. weder Hunger noch Durst. Dieses Versprechen war besonders bedeutsam für die Menschen jener Zeit, die Hungersnöte kannten und in Gebieten lebten, in denen Wasser knapp war. Das Stillen von Hunger und Durst wird in der Bibel oft als Ausdruck dafür benutzt, dass auch geistliche Bedürfnisse befriedigt werden (Mt 5,6; Joh 6,35). **7,17. das Lamm … wird ihr Hirte sein.** Eine eigenartige Vorstellung: Ein Lamm wird zum Hirten. Hier fließen zwei Vorstellungen von dem Messias ineinander. Im Alten Testament wird Gott immer wieder als der Hirte seines Volkes beschrieben. Er ist derjenige, der ihre Bedürfnisse stillt, seine Herde leitet und beschützt (Ps 23,1; Jes 40,11; Hes 34,23). Im Neuen Testament bezeichnet sich Jesus als der gute Hirte (Joh 10,1-16; 21,15-17). **alle ihre Tränen abwischen.** Das Leiden ist nun vergangen. In dieser neuen Wirklichkeit sind Tränen nicht mehr nötig, denn Freude wird das Leben des Volkes Gottes erfüllen.

Das siebte Siegel

Offenbarung 8,1-13

9

1. Mögen Sie Bläsermusik? Warum? Warum nicht?

2. Brauchen Sie Ruhe oder Lärm um sich herum, wenn Sie allein zu Hause sind? Wie ergeht/erginge es ihnen in einer halben Stunde völliger Stille?

3. Wenn Sie etwas arbeiten und dazu Musik hören möchten, was für Musik würden Sie wählen?

Einstieg

(15–20 Minuten)
Wählen Sie bitte eine oder zwei Fragen aus.

BIBELTEXT

Das siebte Siegel: Die sieben Engel mit den sieben Posaunen

1 Als das Lamm das siebte Siegel öffnete, war es im Himmel zunächst etwa
eine halbe Stunde lang vollkommen still. 2 Dann sah ich die sieben Engel,
die vor Gott stehen, um ihm zu dienen; ich sah, wie jedem von ihnen eine
Posaune gegeben wurde.

Der Engel mit dem Räuchergefäß

3 Ein anderer Engel trat mit einem goldenen Räuchergefäß zum Altar. Ihm
wurde eine große Menge Räucherwerk gegeben; sein Auftrag war, das Räu-
cherwerk zusammen mit den Gebeten aller, die zu Gottes heiligem Volk
gehören, auf dem goldenen Altar darzubringen, der vor dem Thron stand.
4 So stieg nun der Duft des Räucherwerks zusammen mit den Gebeten der
Gläubigen aus der Hand des Engels zu Gott empor. 5 Anschließend nahm
der Engel das Räuchergefäß, füllte es mit glühenden Kohlen vom Altar und
schüttete es auf die Erde aus. Daraufhin waren Donnerschläge und Donner-
grollen zu hören, Blitze zuckten, und die Erde bebte.

Die ersten vier Posaunen

6 Nun machten sich die sieben Engel bereit, die sieben Posaunen zu blasen.
7 Der erste Engel blies seine Posaune. Da prasselten Hagel und Feuer, mit
Blut vermischt, auf die Erde nieder. Ein Drittel der Erdoberfläche, ein Drittel
der Bäume und alles Gras verbrannte.
8 Der zweite Engel blies seine Posaune. Da stürzte etwas ins Meer, was

wie ein riesiger brennender Berg aussah. Ein Drittel des Meeres wurde zu
Blut, 9 ein Drittel aller Lebewesen im Meer starb, und ein Drittel aller Schiffe
wurde zerstört.
10-11 Der dritte Engel blies seine Posaune. Da stürzte ein großer Stern
brennend wie eine Fackel vom Himmel herab. Der Stern – er hieß Wermut –
fiel auf ein Drittel aller Flüsse und Quellen, sodass ein Drittel aller Gewässer
bitter wurde wie Wermut und viele Menschen an dem verseuchten Wasser
starben.
12 Der vierte Engel blies seine Posaune. Diesmal traf es den dritten Teil
der Sonne, den dritten Teil des Mondes und ein Drittel der Sterne. Sonne,
Mond und Sterne verloren ein Drittel ihrer Helligkeit, und den dritten Teil
des Tages und den dritten Teil der Nacht schien kein Licht mehr.
13 Hierauf sah ich einen Adler, der hoch oben am Himmel flog, und hörte
ihn mit lauter Stimme rufen: „Weh denen, die auf der Erde leben! Weh ih-
nen, wenn die letzten drei Engel ihre Posaunen blasen! Weh ihnen, denn
dann werden noch furchtbarere Dinge geschehen!“

Bibelgespräch

(30–40 Minuten) Wählen Sie ggf. unter den Fragen aus.

1. Wie wirkt der beschriebene Kontrast zwischen der Stille und dem Klang der Posaunen auf Sie?

2. Was ist der Sinn des Weihrauchgefäßes (V. 3)? Was soll mit dem Altar und dem Weihrauch über das Gebet ausgedrückt werden (vgl. V. 3-5; 5,8; 6,9-10; 9,13)?

3. Welche Ereignisse folgen auf das Erklingen der ersten vier Posaunen? Bedeuten die Posaunen Niederlage oder Sieg, Tod oder Leben? Oder etwas anderes?

4. Wie hängen die Ereignisse nach den Posaunen mit den Ereignissen nach den ersten sechs Siegeln zusammen?

5. Erkennen Sie Parallelen oder Muster zwischen dem Öffnen der Siegel und dem Erschallen der Posaunen?

6. Verweisen die Siegel und Posaunen auf datierbare und aufeinander folgende Ereignisse? Oder zeigen Sie eher Aspekte der Wirklichkeit dieser Welt auf, die zu jedem Zeitpunkt der Geschichte wahr sind?

1. Haben Sie manchmal das Gefühl, Ihre Gebete gingen nur bis zur Zimmerdecke? Welchen Stellenwert haben die Gebete für Gott (V. 3.4)?

2. Wie lassen sich die furchtbaren Katastrophen mit Gottes Liebe und Gerechtigkeit vereinbaren? Warum verhindert Gott sie nicht?

3. Wie erklären Sie sich, dass die Katastrophen stets „nur“ ein Drittel der Erde betreffen? Was könnte dadurch signalisiert werden?

4. Gibt es ein Gebetsanliegen, das Sie weitergeben möchten?

Austausch

(15–20 Minuten) Wählen Sie ggf. unter den Fragen aus. Sie können das Gespräch mit einem gemeinsamen Gebet abschließen.

ERLÄUTERUNGEN

8,1. Mit dem Brechen des letzten Siegels öffnet sich die Buchrolle, sodass die Ereignisse der letzten Zeit offenbar werden. Die ersten sechs Siegel stehen für Ereignisse, die vor dem Ende oder dem Beginn der „Wehen“ (Mt 24,8) geschehen. **das siebte Siegel.** Auf das siebte Siegel folgt kein Gerichtsgeschehen, sondern eine umfassende **Stille**. Himmel und Erde halten sozusagen den Atem an, während sich die sieben Engel darauf vorbereiten, die Posaunen zu blasen. Die einsetzende Stille steigert die Spannung, bevor die Posaunengerichte ihren Lauf nehmen. Die vier ersten Posaunen lösen Naturkatastrophen von kosmischem Ausmaß aus. Die fünfte und sechste Posaune entfesseln dämonische Mächte, die die Menschen direkt bekämpfen.

8,2. Posaunen. Im Alten Testament werden Posaunen für verschiedene Zwecke gebraucht: zur Begleitung unterschiedlichster Aktivitäten (4 Mo 10,1-10), als Signalinstrument im Gottesdienst und bei Feiern (4 Mo 10,10; 29,1), als Kriegssignal (Jos 6) und bei der Krönungszeremonie (1 Kön 1,34). In der Offenbarung kündigen sie die unheilvollen Ereignisse an, die Plagen der letzten Zeit.

8,3-5. Vor dem Erschallen der ersten Posaune gibt es einen kurzen Zeitraum der Vorbereitung. Der Blick auf den **Engel** mit dem **Räuchergefäß** vor dem **Altar** verdeutlicht: Das Gericht Gottes über die Welt erfolgt als Antwort auf die Gebete der Märtyrer (vgl. 6,9.10).

8,7. Eine zweite Reihe von Katastrophen beginnt, die dem Geschehen, das das Brechen der Siegel ausgelöst hatte, ähneln. Während die ersten vier Siegel Geschehnisse beschreiben, die weitgehend Folgen menschlichen Handelns sind, zeigen die Posaunengerichte das aktive Eingreifen Gottes in den Gang der Geschichte. Es wird noch deutlicher formuliert, dass das Ziel dieses Gerichtsgeschehens darin liegt, die Menschen zur Umkehr zu führen (vgl. 9,20; 16,10). Die beschriebenen Plagen erinnern an die ägyptischen Plagen (2 Mo 7,14-12,33), sind aber hier in kosmische Dimensionen gesteigert. **ein Drittel ... verbrannte.** Die erste Plage zerstört ein Drittel der irdischen Vegetation. Der Lebensraum der Menschen wird Schritt für Schritt zerstört. Ein Drittel bedeutet eine Steigerung des Unheils gegenüber einem Viertel der Menschheit, das vom Gericht beim Brechen des vierten Siegels betroffen war (6,7).

8,8.9. Die Beschreibung der zweiten Plage erinnert an einen enormen Vulkanausbruch; jedoch wird deutlich zum Ausdruck gebracht, dass es sich um einen Vergleich handelt (*etwas ... wie ein ... Berg*). Eine feurige Masse vernichtet einen großen Teil des Meeres, samt seinen Lebewesen und Schiffen. **stürzte.** Wörtl.: *wurde geworfen*, nämlich vom Himmel (wie in V. 7; vgl. V. 5). Das könnte ein Hinweis auf den kosmischen Charakter der Plage sein (ähnlich wie in V. 10.11). **Blut.** Ob man Blut hier wörtlich oder bildlich zu verstehen hat, wird unterschiedlich beurteilt (vgl. auch V. 7).

8,10.11. Bei der dritten Plage fällt ein großer Meteor auf die Erde und vergiftet ein Drittel des Trinkwassers. **Wermut.** Die Bezeichnung für eine Pflanze mit bitterem Geschmack. Im AT erscheint sie oft als Symbol von Leid und Tod, meist als Ausdruck des Gerichts (5 Mo 29,17; Jer 9,14; 23,15 u.a., *Wermut* jeweils im wörtl. Text).

8,12. Die vierte Plage trifft die Himmelskörper: Sonne, Mond und Sterne verdunkeln sich.

8,13. Vor den nächsten beiden Plagen wird nun noch eine Warnung ausgerufen – ein Hinweis darauf, dass das Geschehen sich noch weiter ins Schreckliche steigern wird. **Weh denen/weh ihnen.** Das dreifache Wehe kündigt drei weitere Unheilsereignisse an, die durch die drei letzten Posaunen in Gang gesetzt werden (vgl. 9,12). **denen, die auf der Erde leben.** Diese Plagen betreffen alle, die Gott gegenüber feindlich eingestellt sind (vgl. Erläuterung zu 6,10). Die Gemeinde – die Gottes Siegel trägt – wird verschont (s. 9,4).

Die fünfte und sechste Posaune

10

Offenbarung 9,1-21

Einstieg

(15–20 Minuten)
Wählen Sie bitte eine oder zwei Fragen aus.

1. Was war der quälendste Schmerz, den Sie je ertragen mussten? Wie haben Sie diese Erfahrung verarbeitet?

2. Können Sie sich an eine Situation erinnern, in der Sie das Gefühl hatten, etwas in Ihrem Leben grundlegend verändern zu müssen? Was haben Sie getan?

BIBELTEXT

Die fünfte Posaune: Heuschrecken aus dem Abgrund

1 Daraufhin blies der fünfte Engel seine Posaune. Ich sah einen Stern, der
vom Himmel auf die Erde herabgestürzt war. Diesem Stern wurde der Schlüs-
sel zu dem Schacht gegeben, der in den Abgrund hinunterführt. 2 Als er den
Schacht zum Abgrund aufschloss, quoll Rauch heraus wie aus einem riesi-
gen Schmelzofen und erfüllte die Luft; sogar die Sonne wurde davon verdun-
kelt. 3 Aus dem Rauch kamen Heuschrecken hervor, denen die Fähigkeit ge-
geben war, wie Skorpione zu stechen. Sie schwärmten über die ganze Erde
aus, 4 doch wurde ihnen ausdrücklich verboten, das Gras abzufressen oder
an Bäumen oder anderen Pflanzen irgendwelchen Schaden anzurichten. Sie
durften nur Menschen angreifen, und zwar alle diejenigen, die nicht das
Siegel Gottes auf der Stirn trugen. 5 Töten durften sie sie zwar nicht, aber
sie bekamen die Macht, ihnen fünf Monate lang qualvolle Schmerzen zuzu-
fügen – Schmerzen, die so unerträglich sind wie der Stich eines Skorpions.
6 Während dieser Zeit werden die Menschen den Tod suchen, ihn aber nicht
finden. Sie werden sich danach sehnen zu sterben, aber der Tod wird vor
ihnen fliehen.

7 Das Aussehen der Heuschrecken erinnerte an Pferde, die für die
Schlacht gerüstet sind. Auf ihren Köpfen hatten sie etwas, was wie eine
goldschimmernde Krone aussah, und ihre Gesichter glichen Menschen-
gesichtern. 8 Sie hatten lange Haare wie Frauen und Zähne wie die eines
Löwen. 9 Ihr Rumpf war wie mit Eisen gepanzert, und ihre Flügel machten
einen Lärm, als würde ein ganzes Heer von Pferden und Streitwagen in den
Kampf ziehen. 10 Ihre Hinterleiber waren wie der Schwanz eines Skorpions
geformt und mit einem Stachel versehen. Mit diesem Teil ihres Körpers ver-
ursachen sie die Qualen, denen die Menschen fünf Monate lang ausgesetzt

sein werden. 11 Der König dieser Heuschrecken ist der Engel aus dem Ab-
grund; er heißt „der Verderber“ – auf Hebräisch Abaddon und auf Grie-
chisch Apollyon.
12 Das erste Unheil, das der Wehruf angekündigt hat, ist vorüber; das
zweite und das dritte stehen noch bevor.

Die sechste Posaune: Ein todbringendes Reiterheer

13 Nun blies der sechste Engel seine Posaune. Ich hörte eine Stimme, die von
den vier Hörnern des goldenen Altars kam, der vor dem Thron Gottes stand.
14 Sie befahl dem Engel, der die sechste Posaune geblasen hatte: „Binde die
vier Engel los, die am großen Strom, dem Euphrat, in Fesseln gelegt sind!“
15 Da wurden die vier Engel von ihren Fesseln befreit. Auf Jahr, Monat, Tag und
Stunde genau waren sie für diesen Zeitpunkt bereitgehalten worden, um ein
Drittel der Menschheit zu töten. 16 Sie verfügten über ein riesiges Heer von
zweihundert Millionen Reitern; diese Zahl wurde mir ausdrücklich genannt.
17 Die Pferde und ihre Reiter sahen in der Vision, die ich hatte, folgender-
maßen aus: Die Reiter trugen feuerrote, violette und schwefelgelbe Brust-
panzer. Die Pferde hatten Köpfe, die wie Löwenköpfe aussahen, und aus
ihren Mäulern schossen Feuer, Rauch und Schwefel. 18 Diesen drei schreck-
lichen Plagen – dem Feuer, dem Rauch und dem Schwefel aus den Mäulern
der Pferde – fiel ein Drittel der Menschheit zum Opfer. 19 Aber die tödliche
Wirkung ging nicht nur von den Mäulern der Pferde aus, sondern auch von
ihren Schwänzen. Denn diese Schwänze glichen Schlangen und hatten
Köpfe, mit denen sie die Menschen angriffen.
20 Doch diejenigen, die diese Plagen überlebten, waren nicht zur Umkehr
bereit. Sie hörten nicht auf, Dämonen anzubeten und sich vor Götzenbildern
aus Gold, Silber, Bronze, Stein und Holz niederzuwerfen, die sie mit eigenen
Händen gemacht hatten und die weder sehen noch hören, noch sich von der
Stelle bewegen können. 21 Statt umzukehren, mordeten sie weiter, übten
okkulte Praktiken aus, lebten in sexueller Ausschweifung und bestahlen
einander, wie sie es schon immer getan hatten.

Bibelgespräch

(30–40 Minuten) Wählen Sie ggf. unter den Fragen aus.

1. Was geschieht beim Klang der fünften Posaune? Vgl. Lukas 10,18 und Jesaja 14,12.

2. Beschreiben Sie die Heuschrecken mit Ihren eigenen Worten. Wofür stehen sie wohl?

3. Sind die vier Engel in V. 14 gut oder böse? Welche Rolle spielt Gott in ihren Aktivitäten?

4. Gibt es mehr Ähnlichkeiten oder Unterschiede zwischen den Heuschrecken und den Pferden? Woran werden Sie dabei erinnert?

5. Welches Ereignis wird durch die sechste Posaune eingeleitet und welche Reaktion soll das „Wehe“ in der Welt der Ungläubigen hervorrufen?

6. Welche Gerichte sind schlimmer, die der fünften oder die der sechsten Posaune?

7. Warum wohl gelingt es dem Weheruf nicht, die Mehrzahl der Menschen zur Umkehr zu bewegen?

8. Wie wurden wohl die Bilder in den Tagen des Johannes verstanden?

Austausch

(15–20 Minuten) Wählen Sie ggf. unter den Fragen aus. Sie können das Gespräch mit einem gemeinsamen Gebet abschließen.

1. Die brutale Zerstörungswelle der fünften Posaune ist offensichtlich dämonischen Ursprungs. Dennoch haben weder der *vom Himmel gestürzte Stern* noch die *Heuschrecken* freie Hand, sondern sind unter Gottes Kontrolle. Woran zeigt sich das? Warum lässt Gott das zu?

2. Welche Wesenszüge unserer Gesellschaft passen zu den Aktionen, die in den V. 20.21 aufgelistet werden? Inwiefern üben derartige Dinge evtl. auch einen Einfluss auf Ihr Leben aus?

3. Was hat Sie in der letzten Woche „geplagt“? Wie kann Sie diese Gruppe in den Herausforderungen der nächsten Zeit unterstützen?

4. Möchten Sie ein Gebetsanliegen äußern?

ERLÄUTERUNGEN

9,1-12. Von der fünften Plage (dem ersten Wehe) wird detaillierter berichtet als von den ersten vier: ein Angriff schrecklicher Heuschrecken, die stechen, aber nicht töten. In Joel 2,1-11 wird vorhergesagt, dass eine Heuschreckenplage dem Tag des Herrn vorausgehen wird.

9,1. Schacht… der in den Abgrund hinunterführt. Das griech. Wort *abyssos (Abgrund)* bezeichnet im NT die Unterwelt der Dämonen (vgl. Lk 8,31), über die ein Engelfürst herrscht (nicht der Satan, V. 11). Ob dieser Abgrund sich vom Totenreich (griech.: *hades;* s. Erklärung zu Offb 20,13) unterscheidet oder mit ihm gleichzusetzen ist (Röm 10,7.8), ist schwer zu beurteilen. Aus dem Feuerschlund des Abgrunds steigen dämonische Mächte herauf (hier *Heuschrecken*; in Offb 11,7 und 17,8 das *Tier).* Der *Abgrund* bildet auch das Gefängnis Satans während des später erwähnten tausendjährigen Reiches (Offb 20,1-3).

9,3. Heuschrecken. Es handelt sich dabei nicht um übliche Heuschrecken, sondern um dämonische Wesen (s. auch 2 Mo 10,1-20). **Skorpione.** Ein giftiges Spinnentier mit einem Stachel am Ende seines Schwanzes.

9,4. Siegel Gottes (vgl. 7,3). Der Zorn Gottes trifft nur die, die ihm feindlich gesinnt sind.

9,5. fünf Monate lang. Die Zeit der Leiden ist auf eine festgelegte Zeitspanne begrenzt. Das Ziel dieser Ereignisse ist nicht zu quälen, sondern zur Umkehr zu bewegen (V.20.21).

9,7-10. Die Beschreibung der Heuschrecken darf nicht zu sehr über das hinaus erweitert werden, was Johannes sagt. Sie sind fremdartige Geschöpfe der Hölle ohne Parallele in der Tierwelt.

9,7. Die Heuschrecken werden mit Pferden verglichen. In einigen Kulturen (z.B. in Arabien) stellte man sich den Kopf der Heuschrecken ähnlich dem eines Pferdes vor. In Joel 2,4 werden Heuschrecken auch wie Schlachtrosse beschrieben. **etwas ... wie eine ... Krone.** Die Kronen symbolisieren die Macht und Größe der Heuschreckenheere.

9,8. Zähne wie die eines Löwen. Heuschrecken können schlimme Zerstörungen anrichten. Diese Eigenschaft ist auch in Joel 1,5 erwähnt.

9,9. Rumpf ... wie mit Eisen gepanzert. Die Schuppen der Heuschrecken haben die Form von Brustpanzern. **ihre Flügel machten ... Lärm.** Wenn Heuschreckenschwärme in ein Gebiet einfallen, verursacht das Schwirren der Flügel ein lautes Geräusch. Vgl. Joel 2,4.5.

9,11. König dieser Heuschrecken. Diese Figur ist einzigartig und ohne Parallele in der biblischen Literatur. **Abaddon.** Hebräisches Wort mit der Bedeutung *Zerstörung*. Im Alten Testament wird dieses Wort zusammen mit Scheol *(Totenreich)* für den Ort der Vernichtung benutzt. Er ist ein Platz des Todes (vgl. Hiob 26,6; 28,22; Spr 15,11; 27,20). **Apollyon.** Dieses griechische Wort wird normalerweise nicht als Übersetzung von Abaddon benutzt. Es ist ein Partizip mit der Bedeutung „das, was zerstört". Möglicherweise ist es ein Hinweis auf den griechischen Gott Apollo. Die Heuschrecke war eines der Symbole für ihn. Der römische Kaiser Domitian hielt sich selbst für die Verkörperung des Gottes Apollo. Es könnte sich hier also um einen verborgenen Hinweis auf die wahre Natur dieses römischen Herrschers handeln.

9,12. Der Vers weist zurück auf 8,13. Das erste Wehe ist vorbei; das zweite wird in 9,13-21 beschrieben, wenn die sechste Posaune erschallt. Das dritte Wehe wird geschehen, wenn die siebte Posaune erklingt (11,14). Das dritte Wehe führt wie das siebte Siegel nicht zu einer speziellen Katastrophe, sondern eröffnet ein neues Szenario.

9,13-21. Die Plage der fünften Posaune brachte Schmerz und Leiden. Diese sechste Plage bringt den Tod. Im Alten Testament findet sich eine Parallele zu der geschilderten Reiterinvasion von Pferden (Hes 38,14-16; vgl. Jes 5,26-30; Jer 6,22-26). Vielleicht ist der historische Hintergrund dieser Vision in den Reitertruppen des Partherreiches zu sehen, die die Macht Roms bedrohten (vgl. Erläuterung zu 6,1.2).

9,13. eine Stimme ... von den vier Hörnern des goldenen Altares. Dies könnten die Stimmen der Märtyrer sein, die nach Bestrafung des ihnen angetanen Unrechts rufen (vgl. 6,9-10; 8,3).

9,14. vier Engel. Erneut greifen Engel in das Geschehen ein bzw. werden dazu beauftragt. Nirgendwo sonst in der apokalyptischen Literatur gibt es vergleichbare Engelsgestalten. **in Fesseln gelegt.** Der Tag, die Stunde, ja die Minute ist genau festgelegt, an denen die Engel „entfesselt" werden, um ihr Zerstörungswerk zu beginnen. Bei Gott geschieht nichts zufällig, alles hat seinen festen Plan, alles geht nach seinem Willen.

9,16. Zweihundert Millionen. Wörtl. *20 000 Myriaden*. Eine Zahl jenseits der Vorstellungsgrenzen der damaligen Zeit – ein Symbol für ein Phänomen von unermesslicher Größe.

9,17. Pferde. Den dämonischen Heuschrecken in der vorherigen Plage folgen nun die dämonischen Pferde. Es gibt jedoch einen Unterschied. Während die Heuschrecken lediglich die Macht hatten zu quälen, können die Pferde bzw. ihre Reiter töten. Es handelt sich auch hier nicht um natürliche Geschöpfe, sondern um dämonische Horden. **feuerrot, violett und schwefelgelb.** Feuer, Rauch und Schwefel (Phosphor) sollen wohl an die Hölle erinnern (14,10.11; 19,20; 21,8).

9,18.19. Feuer, Rauch und Schwefel aus den Mäulern der Pferde sind tödlich und auch ihr Schweif fügt Verletzungen zu.

9,20.21. Das Ziel der furchtbaren Plagen ist klar benannt: Sie sollen die Menschheit zur Umkehr bringen. **Dämonen/Götzenbilder.** Wer Götzen anbetet, der liefert sein Leben Mächten aus, die nicht helfen, sondern nur schaden können (1 Kor 10,18-21).

11 Das kleine Buch

Offenbarung 10,1-11

Einstieg

(15–20 Minuten) Wählen Sie bitte eine oder zwei Fragen aus.

1. Welche Rolle spielen Bücher in Ihrem Leben? Gibt es Bücher, die Ihr Leben beeinflusst oder verändert haben? Gehören Sie vielleicht zu den Menschen, die Bücher „verschlingen“ können?

2. Was war die unangenehmste Aufgabe, der unangenehmste Auftrag, die Sie je ausführen mussten?

BIBELTEXT

Der Engel mit der kleinen Buchrolle

1 Dann sah ich, wie ein mächtiger Engel – ein anderer als der, den ich zuvor
gesehen hatte – vom Himmel herabkam. Der Engel war in eine Wolke ge-
hüllt, über seinem Kopf stand ein Regenbogen, sein Gesicht leuchtete wie
die Sonne, und seine Beine sahen aus wie Säulen aus Feuer. 2 Er hielt eine
kleine geöffnete Buchrolle in der Hand. Seinen rechten Fuß setzte er auf das
Meer und den linken auf das Festland. 3 Mit einer gewaltigen Stimme, die
wie das Brüllen eines Löwen klang, rief er etwas. Kaum hatte er geendet, lie-
ßen die sieben Donner ihre dröhnenden Stimmen hören. 4 Als es wieder still
war, wollte ich aufschreiben, was die sieben Donner gesagt hatten. Doch
da hörte ich eine Stimme aus dem Himmel rufen: „Betrachte das, was die
sieben Donner gesagt haben, als versiegelt; schreibe es nicht auf!“

5 Nun erhob der Engel, den ich mit dem einen Fuß auf dem Meer und mit
dem anderen Fuß auf dem Land stehen sah, seine rechte Hand zum Him-
mel 6 und rief: „Ich schwöre bei dem, der in alle Ewigkeit lebt und der alles
erschaffen hat – den Himmel und alles, was im Himmel ist, die Erde und
alles, was auf der Erde ist, das Meer und alles, was im Meer ist; ich schwöre,
dass es keinen Aufschub mehr geben wird! 7 Denn wenn der siebte Engel
auftreten und seine Posaune blasen wird, wird Gottes Plan, dieses große
Geheimnis, zur Vollendung kommen. Alles, was Gott seinen Dienern, den
Propheten, angekündigt hat, wird dann erfüllt sein.“

8 Daraufhin sprach die Stimme aus dem Himmel, die ich eben schon ge-
hört hatte, ein zweites Mal zu mir. Sie sagte: „Geh zu dem Engel, der auf
dem Meer und auf dem Land steht, und lass dir von ihm die kleine geöffnete
Buchrolle geben, die er in seiner Hand hält!“ 9 Ich ging zu dem Engel und
bat ihn, mir die Buchrolle zu geben. „Nimm sie und iss sie!“, sagte er. „Der
Magen wird sich dir zusammenziehen, so bitter ist sie; aber solange du sie
im Mund hast, wird sie süß sein wie Honig.“ 10 Ich nahm die Buchrolle aus

seiner Hand und aß sie. Und wirklich, als ich sie im Mund hatte, war sie süß wie Honig; aber als ich sie hinuntergeschluckt hatte, war sie so bitter, dass sich mir der Magen zusammenzog.

11 Danach wurde mir gesagt: „Du wirst noch mehr verkünden müssen – prophetische Worte über zahlreiche Völker, über Menschen verschiedenster Sprachen und Kulturen und über viele Könige."

Bibelgespräch

(30–40 Minuten) Wählen Sie ggf. unter den Fragen aus.

1. Beschreiben Sie mit eigenen Worten den Engel, der das Kommen der siebten Posaune ankündigt. Entspricht diese Beschreibung dem traditionellen Bild von Engeln?
2. Welchem Zweck dienten die Katastrophen, die mit den ersten sechs Posaunen verbunden waren? Welchem Zweck soll die siebte Posaunen dienen?
3. Was ist das „Geheimnis" Gottes? Vgl. dazu V. 7 und die Erläuterung zu 10,6. Siehe auch Röm 11,25-36; 16,25-27; Eph 1,9-14.
4. Was passiert mit dem kleinen Buch? Was symbolisiert der Vorgang des Essens? Inwiefern kann eine Offenbarung von Gott sowohl „süß" als auch „bitter" sein?

Austausch

(15–20 Minuten) Wählen Sie ggf. unter den Fragen aus. Sie können das Gespräch mit einem gemeinsamen Gebet abschließen.

1. Hat Gott Sie schon einmal an eine Aufgabe gestellt, die Sie sich nicht selbst ausgesucht hatten? Wie ging es dabei zu?
2. Haben Sie auch schon einmal eine Erfahrung gemacht, die Sie im ersten Moment genossen haben, die Ihnen aber später Mühe machte? Ist Ihnen ein Wort, eine Rede, eine Predigt oder ein Gespräch auch schon einmal zugleich „süß" und „bitter" vorgekommen?
3. Wie geht es Ihnen augenblicklich mit dem Buch der Offenbarung? Vergleichen Sie Ihre ursprünglichen Erwartungen und die Erfahrungen mit den vergangenen Treffen.
4. Was hat Ihnen bisher am besten an dieser Gruppe gefallen? Was vermissen Sie oder würden Sie sich wünschen?
5. Möchten Sie ein Gebetsanliegen für die nächste Woche mitteilen?

10,1 – 11,14. Johannes fügt zwischen der sechsten und siebten Posaune ein ausgedehntes Zwischenstück ein. Inhalt des Einschubs ist wiederum das Schicksal derer, die Christus treu geblieben sind. Dieses Zwischenstück besteht wie schon das erste (7,1-17) aus zwei Teilen.

10,1. Dann sah ich, wie ein mächtiger Engel… vom Himmel herabkam. Johannes befindet sich nicht mehr auf der Schwelle zum Thronsaal Gottes, sondern am Rand des Meeres. **in eine Wolke gehüllt.** Die Vorstellung, dass Engel in einer Wolke auf oder absteigen findet sich öfter in der Bibel (vgl. Ps 104,3; Dan 7,13; Apg 1,9). **Regenbogen.** Vielleicht handelt es sich dabei um eine Art Krone aus Licht.

10,2. eine kleine geöffnete Buchrolle. Anders als die Rolle in 5,1 ist die nun gesehene Schriftrolle eher klein und trägt keine Siegel. Ihr Inhalt ist nicht verborgen.

10,3. Stimme… wie das Brüllen eines Löwen. Die Beschreibung des Engels ist abgeschlossen. Sie ähnelt in manchem Aussagen über Christus. Allerdings verdeutlicht V. 6, dass es sich tatsächlich um einen Engel handelt, da er bei Gott schwört, von dem er also unterschieden sein muss. **sieben Donner.** Mit ihnen deutet sich eine weitere Reihe von Katastrophen an.

10,4. wollte ich aufschreiben… betrachte es als versiegelt… schreibe es nicht auf. Dass die Botschaft der Donnerschläge *versiegelt* bleiben, also nicht mitgeteilt werden soll, könnte ein Hinweis darauf sein, dass diese Gerichte der Gemeinde erspart bleiben. Jesus spricht in Mk 13,20 davon, dass Gott die Zeit der Leiden „um derer willen, die er auserwählt hat… verkürzt". Für die gottlose Welt bedeutet das: Jetzt gibt es keinen Aufschub, keine Gelegenheit zur Umkehr mehr (s. V. 6)

10,5. Mit der Schriftrolle in seiner linken Hand hebt der Engel die rechte Hand zum Eid in den Himmel (vgl. 5 Mo 32,40; Dan 12,7).

10,6. ich schwöre… Der Inhalt des Schwures ist, dass es keine Verzögerungen mehr geben wird, bis das Ende kommt. Von diesem Punkt an scheint Gott nicht mehr einzugreifen, um den Menschen eine weitere Möglichkeit zur Umkehr zu geben. So wird das Kommen des Antichristen vorbereitet.

10,7. Denn wenn der siebte Engel… seine Posaune blasen wird. Der Klang der siebten Posaune ist nicht ein einzelner Augenblick, sondern ein Zeitabschnitt. Wie sich zeigen wird, schließt dieser Zeitraum die Ereignisse der sieben Schalen ein (16,1-20). **Gottes Plan, dieses große Geheimnis.** Ein Geheimnis ist im Neuen Testament nicht etwas, das verborgen ist, sondern ein Ziel Gottes, das bekannt gemacht wird.

10,8. die Stimme aus dem Himmel. Dieselbe Stimme, die Johannes verboten hatte, die Worte der sieben Donner aufzuschreiben (10,4), befiehlt ihm nun, das Büchlein zu nehmen. **der Engel, der auf dem Meer und auf dem Land steht.** Zum dritten Mal wird die beeindruckende Größe des Engels betont. Sein Kommen betrifft die ganze Welt (10,2.5).

10,9. Nimm sie und iss sie. Dem Propheten Hesekiel wurde genau dasselbe befohlen (Hes 2,9-3,3). Er sollte die Schriftrolle mit dem Wort Gottes aufessen, das heißt, es völlig in sich aufnehmen – ein symbolischer Akt für seine Beauftragung, das Wort Gottes zu empfangen und es weiterzusagen. In gleicher Weise ist auch Johannes beauftragt, das prophetische Wort Gottes in seine Zeit zu sprechen (1,19).

10,10. süß/bitter. Diese Botschaft ist sowohl süß (es ist das gute Wort Gottes) als auch bitter (es ist ein Wort des Gerichtes – vgl. Ps 19,8-11; 119,103; Hes 3,3; Lk 19,41). Die Berufung zum Propheten bedeutet nicht ungetrübte Freude.

10,11. noch mehr verkünden. Johannes war bereits die Prophezeiung der sieben Siegel und der sechs Posaunen gegeben worden. Er soll weiterhin prophezeien, während das Ende naht. **Völker… Sprachen und Kulturen.** Seine Botschaft betrifft die gesamte bewohnte Welt, nicht nur die Gemeinde Jesu, das Volk Israel oder eine einzelne Nation.

Die zwei Zeugen – die siebte Posaune

12

Offenbarung 11,1-19

1. Könnten Sie in einem Gebiet leben, in dem es oft Erdbeben, Flutkatastrophen oder Wirbelstürme gibt?

2. Waren Sie schon einmal gezwungen, in einem Schutzraum Zuflucht zu suchen? Was haben Sie dabei empfunden?

3. Waren Sie schon einmal bei einer Aufführung von Händels „Messias" oder eines anderen Oratoriums dabei? Wie haben Sie die Aufführung erlebt?

Einstieg
(15–20 Minuten)
Wählen Sie bitte eine oder zwei Fragen aus.

Die beiden Zeugen Gottes

BIBELTEXT

1 Nun wurde mir ein Stab aus Schilfrohr gegeben, wie man ihn zum Messen
verwendet. „Geh und miss den Tempel Gottes aus, auch den Altar", sagte
eine Stimme zu mir, „und zähl die Menschen, die im Tempel anbeten! 2 Aber
lass beim Vermessen den äußeren Vorhof des Tempels aus, denn er ist den
heidnischen Völkern preisgegeben worden, und sie werden die heilige Stadt
unterwerfen und zweiundvierzig Monate lang besetzt halten."

3 „Doch werde ich", fuhr die Stimme fort, „meine beiden Zeugen zu
ihnen schicken, und sie werden während dieser ganzen Zeit – tausendzwei-
hundertsechzig Tage lang –, in Sacktuch gehüllt, als Propheten unter ihnen
auftreten."

4 Diese beiden Zeugen sind die zwei Ölbäume und die zwei Leuchter, von
denen es in der Schrift heißt, dass sie vor dem Herrn stehen, dem Herrscher
über die ganze Erde.

5 Wenn jemand versucht, ihnen etwas anzutun, wird Feuer aus ihrem
Mund kommen und ihn vernichten. So wird es allen ihren Feinden ergehen;
jeder, der ihnen etwas antun will, wird auf diese Weise umkommen. 6 Sie
haben die Macht, den Himmel zu verschließen, sodass während der Zeit, in
der sie als Propheten auftreten, kein Regen fällt. Sie haben auch die Macht,
die Gewässer in Blut zu verwandeln. Sooft sie es wollen, können sie jedes
nur erdenkliche Unheil über die Erde hereinbrechen lassen.

7 Wenn sie ihren Auftrag als Zeugen Gottes erfüllt haben, wird das Tier,
das aus dem Abgrund heraufsteigt, gegen sie kämpfen. Es wird sie besie-
gen und umbringen.

8 Ihre Leichen wird man in der großen Stadt auf offener Straße liegen las-
sen, in derselben Stadt, in der schon ihr Herr gekreuzigt wurde und die –
was symbolisch zu verstehen ist – Sodom oder auch Ägypten heißt. 9 Wäh-
rend dreieinhalb Tagen werden sich Menschen aus den verschiedensten
Völkern und Stämmen, Menschen unterschiedlichster Sprache und Kultur
am Anblick der beiden Toten weiden, und man wird es niemand erlauben,
sie zu bestatten. 10 Überall auf der Welt werden die Menschen jubeln und
Freudenfeste feiern und sich gegenseitig Geschenke senden, denn diese
beiden Propheten hatten ihnen das Leben zur Qual gemacht.

11 Doch nach den dreieinhalb Tagen wird der Lebenshauch Gottes in sie
zurückkehren, und zum größten Entsetzen aller, die das miterleben, werden
sie plötzlich wieder lebendig werden und aufstehen. 12 Aus dem Himmel
werden sie eine mächtige Stimme hören, die ihnen zuruft: „Kommt hier he-
rauf!“ Daraufhin werden sie vor den Augen ihrer Feinde in einer Wolke in
den Himmel emporgehoben werden. 13 Im selben Augenblick wird ein hefti-
ges Erdbeben die Stadt erschüttern. Ein Zehntel der Gebäude wird einstür-
zen, und siebentausend Menschen werden den Tod finden. Zutiefst erschro-
cken werden dann die Überlebenden dem Gott, der im Himmel thront, die
Ehre erweisen, die ihm gebührt.

14 Das zweite Unheil, das der Wehruf angekündigt hat, ist vorüber; doch
das dritte steht unmittelbar bevor.

Die siebte Posaune: Die Herrschaft Gottes und des Messias

15 Nun blies der siebte Engel seine Posaune. Daraufhin erklang im Himmel
ein mächtiger, vielstimmiger Jubelgesang:

„Jetzt gehört die Herrschaft über die Welt endgültig unserem Herrn
und dem, den er als König eingesetzt hat – Christus.
Ja, unser Herr wird für immer und ewig regieren.“

16 Die vierundzwanzig Ältesten, die vor Gott auf ihren Thronen saßen,
warfen sich vor ihm nieder und beteten ihn an. 17 Sie riefen:

„Herr und Gott, du allmächtiger Herrscher,
der du bist und der du warst, dir gilt unser Dank!
Denn nun hast du deine große Macht unter Beweis gestellt
und hast die Herrschaft angetreten.
18 Die Völker hatten sich im Zorn gegen dich erhoben,
aber jetzt entlädt sich dein Zorn über sie.
Die Zeit ist gekommen, wo über die Toten Gericht gehalten wird
und wo deine Diener, die Propheten, ihren Lohn erhalten
und mit ihnen alle, die zu deinem heiligen Volk gehören
und sich dir in Ehrfurcht unterstellen, Kleine und Große.
Aber die, die die Erde zugrunde richten,
werden nun selbst zugrunde gerichtet werden.“

19 Dann öffnete sich der Tempel Gottes im Himmel, und die Bundeslade, die im Tempel steht, wurde sichtbar. Blitze zuckten auf, begleitet von Donnergrollen und Donnerschlägen, die Erde bebte, und ein furchtbarer Hagelsturm ging über die Erde nieder.

Bibelgespräch

(30–40 Minuten) Wählen Sie ggf. unter den Fragen aus.

1. Was wird in diesem Abschnitt gemessen oder beschützt (vgl. die Erläuterungen)? Wer könnten die beiden Zeugen sein? Wer deren Feinde?

2. Was passiert mit den beiden Zeugen? Welche Auswirkungen hat ihr Tod und ihre Auferweckung?

3. Was kündigt die Posaune in V. 15 an? Inwiefern ist die Wiederkunft Jesu eine gute oder schlechte Nachricht?

4. Sagt der Abschnitt etwas darüber, warum Gott unsere Anbetung verdient?

5. Was ist das Besondere an der Art, wie Gott seine Macht ausübt?

Austausch

(15–20 Minuten) Wählen Sie ggf. unter den Fragen aus. Sie können das Gespräch mit einem gemeinsamen Gebet abschließen.

1. In welcher Situation war es bisher am schwersten für Sie, um zu Ihrem Glauben zu stehen?

2. Hatten Sie in den letzten Wochen oder Monaten den Eindruck, von Gott einen Auftrag erhalten zu haben? Wie ging es Ihnen damit seither?

3. An welcher Stelle in Ihrem Leben brauchen Sie Gottes Macht ganz besonders?

4. Wir erfahren in diesem Abschnitt, wie Gott auf die Bitten der Verfolgten reagiert. Wie ernst nehmen Sie Ihr Gebet? Was erwarten Sie davon?

5. Möchten Sie ein Gebetsanliegen nennen?

11,1-14. Dies ist der zweite Teil des „Zwischenspiels“: der Bericht über das Ausmessen des Tempels und die beiden Zeugen. Die Einzelheiten dieses Abschnittes dürfen nicht im eigentlichen Sinne wörtlich verstanden werden. In der Vermessung des Tempels spiegelt sich noch einmal das Motiv der Versiegelung wider. Die Bedrohung macht nun sogar vor dem Vorhof des Tempels nicht halt. Nur wer sich uneingeschränkt zu Gott bekennt und sich im Inneren des Tempels befindet, wird gerettet werden.

11,1.2. Johannes war bisher passiver Beobachter (abgesehen von 10,8, wo er aufgefordert wurde, das Buch zu essen). Nun wird er mit in das Geschehen einbezogen. **miss ... aus.** Das Messen ist nicht einfach das Ermitteln der Ausmaße des Gebietes. Es geht darum, den Ort der Zerstörung oder der Bewahrung abzugrenzen (2 Kön 21,13; Jes 34,11; Hes 40-43; Sach 2,5-9). In diesem Fall bleibt das Gebiet bewahrt, das Johannes abmisst. **Tempel.** Das griechische Wort weist auf das Gebäude hin, nicht auf den umgebenden Vorhof. Der Tempel selbst bestand aus dem Allerheiligsten im Zentrum und dem Heiligen. Er war umgeben vom Vorhof der Priester, dem Vorhof des Volkes und dem Vorhof der Frauen. Diesen ganzen Komplex wiederum umgab der große äußere Vorhof, zu dem auch Heiden Zugang hatten. Was Johannes abmessen soll, ist der innere, jüdische Bereich. Der Tempel in Jerusalem war im Jahr 70 zerstört worden; Tempel steht hier für die Gemeinde Jesu (so 1 Kor 3,16-17; 2 Kor 6,16; Eph 2,19-22), die in den kommenden Zerstörungen bewahrt werden soll. **lass den** äußeren **Vorhof des Tempels aus.** Nur im inneren Bereich des Tempels bleibt die Gemeinde vor den Angriffen des Feindes verschont. **die heilige Stadt.** Die Heilige Stadt ist ein weiteres Bild für die Gemeinde Jesu. Sie wird zwar angegriffen, aber nicht völlig vernichtet. **zweiundvierzig Monate.** Das Böse wird nur eine von Gott festgelegte Zeit herrschen dürfen. Bei Daniel finden wir einen ähnlichen Zeitraum beschrieben (Dan 7,25). Die Ereignisse der letzten Zeit haben gleichsam eine Vorerfüllung in historischen Geschehnissen, von denen die Propheten berichten.

11,3. meine beiden Zeugen. Offensichtlich sind die beiden Zeugen Mose und Elia nachgebildet: Wie Mose in Ägypten können sie Gewässer in Blut verwandeln, wie Elia den Regen fernhalten (vgl. 2 Kön 1,1012; 1 Kön 17,1; 2 Mo 7,14-18; Mal 3,23; Mt 17,3). Sie versuchen noch einmal mit eindrücklicher Macht, die Menschen zur Umkehr zu bewegen. Auch in einer Zeit, in der das Böse vorherrscht, bleibt das Zeugnis für Gott bestehen. **in Sacktuch gehüllt.** Gemeint ist die übliche Trauerkleidung, die auch frühere Propheten getragen hatten (Jes 20,2; Sach 13,4).

11,4. Das hier beschriebene Bild stammt vom Propheten Sacharja (Kap. 4).

11,5.6. Während der Zeit ihres prophetischen Wirkens werden ihnen übernatürliche Kräfte gegeben, die sowohl schützen als auch strafen.

11,7. Ist ihr Auftrag erfüllt, erscheint **das Tier, das aus dem Abgrund heraufsteigt.** Diese Gestalt wird hier zum ersten Mal erwähnt. Das Tier wird zur Hauptbedrohung der Gemeinde in den letzten Tagen (vgl. Kap. 13,1 und 17). Es ist dämonischen Ursprungs.

11,8. Es galt als besonders schrecklich, wenn einem Menschen die Bestattung vorenthalten wurde. **in der großen Stadt**. Dieser Ausdruck bezeichnet normalerweise Babylon (Offb 14,8; 16,19; 17,18; 18,2.10.16 ff.); hier jedoch ist offensichtlich Jerusalem gemeint (durch der Nachsatz: „in der schon ihr Herr gekreuzigt wurde“). Gottes „heilige Stadt“ (V. 2) ist heruntergekommen zu einem **Sodom oder auch Ägypten. Sodom** ist eine einst vermutlich am südlichen Ende des Toten Meeres gelegene Stadt, die zusammen mit Gomorra wegen der moralischen Verdorbenheit ihrer Bewohner von Gott vollständig vernichtet wurde (1 Mo 19,12.13) **Ägypten.** Aufgrund der in 2 Mo 1 – 14 berichteten Versklavung Israels durch den Pharao wurde Ägypten zum Inbegriff der Unterdrückung von Gottes Volk.

11,10-12. Der Tod der beiden Zeugen wird von den Feinden Gottes gefeiert. Gott aber bekennt sich zu ihnen, indem er sie auferweckt (vgl. Hes 37,1-14). Danach folgt die öffentliche, sichtbare Himmelfahrt der Zeugen (vgl. 2 Kön 2,11). Für die Gemeinde des Johannes ist hier die tröstliche Botschaft enthalten: Auch zu seiner leidenden Gemeinde wird Gott sich bekennen – wie er es zu seinen beiden Zeugen tut.

11,13. Dann folgt ein vernichtendes Erdbeben, das ein Zehntel der Städte in Schutt und Asche legt (vgl. Hes 38,19-20). **werden… die Überlebenden… Gott… die Ehre erweisen.** Die weiteren Aussagen lassen den Schluss zu, dass es sich hierbei nicht um eine wirkliche Umkehr handelt, sondern um ein verängstigtes Anerkennen der Größe und Macht Gottes.

11,15-19. Bevor die siebte und letzte Posaune erschallt, wird ein Blick in die unmittelbar bevorstehende Zeit geworfen: Gott hat endgültig den Sieg errungen. Christus hat die Herrschaft angetreten (V. 15). Als Antwort singen die Ältesten ein Loblied (V. 16-18).

11,15. jetzt gehört die Herrschaft… endgültig unserem Herrn. Satan und das Böse können nicht ungeschehen machen, was Gott vollbracht hat. Nachdem Gottes Königreich vollständig angebrochen ist, wird er in Ewigkeit regieren.

11,17.18. Die Ältesten stimmen angesichts der Erfüllung von Gottes Erlösungswerk einen Lobpreishymnus an. Sie sehen in die Zukunft, in der Gottes Herrschaft für alle sichtbar aufgerichtet ist. **jetzt entlädt sich dein Zorn** über sie. Bevor das Königreich Gottes kommt, wird den Feinden Gottes alle Macht genommen (Ps 2). **dein Zorn.** Gott kommt zum Gericht (14,10-11; 16,15-21; 20,8-9). **über die Toten Gericht gehalten/deine Diener ihren Lohn erhalten.** Hier wird das große Endgericht und die Auferstehung der Toten geschaut (20,11-15), das Ende ist nahe. Gottes gerechtes Gericht wird allen das zuteilen, was sie verdient haben: Lohn oder Strafe. **alle, die zu deinem heiligen Volk gehören.** Das Volk Gottes aus allen Zeitaltern.

11,19. Dann öffnete sich der Tempel Gottes im Himmel. Als Jesus starb, riss der Vorhang im Tempel, der das Allerheiligste verbarg (Lk 23,45), von oben nach unten entzwei. Damit wurde deutlich, dass nun alle Menschen freien Zugang zu Gott haben können (Mt 27,51). Der Zugang zum Allerheiligsten wird hier nun auf ganz konkrete Weise gewährt. Die Öffnung des Tempels, zusammen mit den anderen Ereignissen in V. 15b-19, erfolgt tatsächlich später (Kap. 21 und 22). In dieser Vision aber, die von der Zukunft spricht, als sei sie schon Gegenwart, wird das Geschehen der letzten Zeit berichtet. **Bundeslade.** Im Alten Testament befand sich die Bundeslade im Allerheiligsten des Tempels und symbolisierte die Gegenwart Gottes. Die Lade ging während eines Krieges verloren. Nun taucht sie wieder auf – ein Zeichen für die Treue, mit der Gott am Bund mit seinem Volk festhält. **Blitze… Donnergrollen… Erde bebte… Hagelsturm.** All diese Naturphänomene begleiten Gotteserscheinungen im Alten Testament (s. a. 2 Mo 19,18; 20,18; Ps 18,8.13-15; 68,8.9; 77,19).

13 Die Frau und der Drache

Offenbarung 12,1-18

Einstieg

(15–20 Minuten)
Wählen Sie bitte
eine oder zwei
Fragen aus.

1. Wie kommt es, dass Drachen in Filmen, Büchern und Fantasy-Geschichten immer wieder ein gern genommenes Motiv sind?

2. Wer war für Sie als Kind neben Ihren Eltern der wichtigste Mensch in Ihrem Leben? Wie kam es dazu?

3. Wovor hätten oder hatten Sie bei der Geburt Ihrer Kinder am meisten Angst?

BIBELTEXT

Die Frau, das Kind und der Drache

1 Nun war am Himmel etwas Außergewöhnliches und Bedeutungsvolles zu
sehen: eine Frau, die mit der Sonne bekleidet war; unter ihren Füßen war der
Mond, und auf dem Kopf trug sie eine Krone aus zwölf Sternen. 2 Die Frau war
schwanger, und die Geburt ihres Kindes stand unmittelbar bevor. Die Wehen
hatten bereits eingesetzt; sie schrie und krümmte sich vor Schmerzen. 3 Noch
etwas anderes war am Himmel zu sehen, etwas ebenso Bedeutungsvolles:
ein riesiger, feuerroter Drache, der sieben Köpfe und zehn Hörner hatte und
auf jedem seiner sieben Köpfe eine Krone trug. 4 Mit seinem Schwanz fegte er
ein Drittel der Sterne vom Himmel und schleuderte sie auf die Erde.

Der Drache stellte sich vor die Frau hin, um das Kind, das sie bekom-
men würde, sofort nach der Geburt zu verschlingen. 5 Doch kaum war das
Kind zur Welt gekommen, wurde es zu Gott hinaufgenommen und vor seinen
Thron gebracht. Das Kind war ein männlicher Nachkomme, jener Sohn, von
dem es in der Schrift heißt, dass er mit eisernem Zepter über alle Völker
regieren wird. 6 Die Frau selbst floh in die Wüste. Dort hatte Gott einen Ort
für sie vorbereitet, an dem sie dann tausendzweihundertsechzig Tage lang
mit allem Nötigen versorgt wurde.

7 Nun brach im Himmel ein Krieg aus. Der Engelfürst Michael und seine
Engel griffen den Drachen an. Dieser setzte sich mit seinen Engeln zur Wehr,
8 aber er unterlag, und von da an war für ihn und seine Engel kein Platz mehr
im Himmel. 9 Der große Drache, jene Schlange der Urzeit, die auch Teufel
oder Satan genannt wird und die ganze Menschheit verführt, wurde auf die
Erde geworfen, und zusammen mit dem Drachen wurden auch seine Engel
hinuntergeworfen.

10 Daraufhin hörte ich eine mächtige Stimme im Himmel rufen:
„Jetzt ist der Sieg errungen!

Gott hat seine Macht unter Beweis gestellt,
die Herrschaft gehört ihm.
Von jetzt an regiert der, den er als König eingesetzt hat, Christus.
Denn der, der unsere Brüder und Schwestern anklagte,
ist aus dem Himmel hinausgeworfen worden.
Tag und Nacht beschuldigte er sie vor unserem Gott,
11 aber sie haben über ihn triumphiert,
weil das Lamm sein Blut für sie vergossen hat
und weil sie sich ohne Rücksicht auf ihr Leben
zur Botschaft von Jesus bekannten, bereit, dafür sogar in den Tod zu gehen.
12 Darum freue dich, Himmel, freut euch, alle, die ihr im Himmel wohnt!
Doch wehe dir, Erde, und wehe dir, Meer!
Denn der Teufel ist zu euch herabgekommen, rasend vor Wut,
weil er weiß, dass er nicht mehr viel Zeit hat.“

13 Als nun der Drache sah, dass er auf die Erde hinuntergeworfen war,
machte er sich daran, die Frau zu verfolgen, die jenen männlichen Nach-
kommen geboren hatte. 14 Aber der Frau wurden Flügel gegeben – die bei-
den Flügel des großen Adlers –, damit sie an ihren Zufluchtsort in der Wüste
fliegen konnte, wo sie vor den Nachstellungen der Schlange sicher war und
dreieinhalb Jahre lang mit allem Nötigen versorgt werden würde. 15 Da ließ
die Schlange einen mächtigen Wasserstrahl aus ihrem Rachen hervorschie-
ßen, der die Frau mit sich fortreißen sollte. 16 Aber die Erde kam der Frau zu
Hilfe; sie öffnete sich und schluckte die Wassermassen auf, die aus dem
Maul des Drachen schossen.

17 Außer sich vor Wut darüber, dass ihm die Frau entkommen war, wandte
sich der Drache gegen ihre übrigen Nachkommen, um mit ihnen Krieg zu
führen – mit allen, die Gottes Gebote befolgten und sich zur Botschaft von
Jesus bekannten. Er machte sich auf 18 und trat ans Ufer des Meeres.

Bibelgespräch

(30–40 Minuten) Wählen Sie ggf. unter den Fragen aus.

1. Beschreiben Sie bitte mit Ihren eigenen Worten die Frau, den Drachen und das Kind. Wen repräsentieren diese Gestalten?

2. Wo findet die hier beschriebene Auseinandersetzung statt? Was ist das Ergebnis des Konfliktes?

3. Wann ereignet sich wohl diese himmlische Schlacht? Zu einem bestimmten Zeitpunkt und an einem bestimmten Ort in der Geschichte? Zu einer „Zeit“ vor unserer irdischen Geschichte? Nach dem Ende der Menschheitsgeschichte? Jederzeit und überall?

4. Was kann man diesem Abschnitt über den Konflikt zwischen der Gemeinde Jesu und den widergöttlichen Mächten entnehmen?

Austausch

(15–20 Minuten) Wählen Sie ggf. unter den Fragen aus. Sie können das Gespräch mit einem gemeinsamen Gebet abschließen.

1. Kam Ihnen das Böse schon einmal besonders real vor? Bei welcher Gelegenheit war das? Wie gehen Sie mit solchen Situationen um?
2. Mussten Sie in letzter Zeit eine geistliche Schlacht schlagen?
3. Gibt es ein besonderes Kampffeld in Ihrem Leben, für das Sie sich Unterstützung wünschen würden? Was würde Ihnen konkret helfen?
4. Kennen Sie Menschen, die sich zurzeit in einer ähnlich angefochtenen Situation befinden? Wie könnten Sie ihnen helfen?
5. Möchten Sie noch weitere Gebetsanliegen nennen?

ERLÄUTERUNGEN

12,1 – 14,20. Zum dritten Mal schiebt Johannes ein Zwischenstück in seinen Bericht ein. Zwischen der Vision der sieben Posaunen und die der sieben Schalen berichtet er vom Drachen und der Frau (12,1-18), von den beiden großen Tieren (13,1-18) und dem Lamm auf dem Berg Gottes (14,1-20).

12,1-18. Mit unterschiedlichen Bildern beschreibt Johannes den himmlischen Kampf zwischen Gott und Satan, der erklärt, warum Gottes Volk durch alle Zeiten hindurch leiden musste (Joh 16,33; Apg 14,22). Zugleich erfahren wir von der Zuspitzung des Kampfes zwischen Gut und Böse in der großen „Notzeit“ (Mt 24,21). Die Gläubigen erhalten jedoch die Zusage, dass das Ergebnis der Schlacht nicht fraglich ist: Gott hat bereits gewonnen! Es handelt sich hierbei wohl nicht um die Vision eines Ereignisses, das am Ende der Zeit stattfinden wird, sondern es ist die Darstellung einer Auseinandersetzung, die hinter der Geschichte in der geistlichen Welt permanent vor sich geht (s. Eph 6,10-13).

12,1. eine Frau. Die erste Teilnehmerin an diesem himmlischen Drama wird eingeführt: eine strahlende Frauengestalt, die für das Volk Israel steht. Sie ist gleichsam die Mutter des Volkes Gottes (Jes 54,1; 66,7-8; Gal 4,26). Psalm 104,2 beschreibt Gott ebenfalls mit solchen Ausdrücken. **mit der Sonne bekleidet … unter ihren Füßen der Mond.** Die Beschreibung erinnert an altorientalische Vorstellungen von der Himmelskönigin; die hier beschriebene Frau allerdings trägt deren Attribute Sonne und Mond und die zwölf Sterne des Tierkreises nur wie einen Schmuck. **Krone aus zwölf Sternen.** Vielleicht Symbol für die zwölf Stämme Israels (1 Mo 37,9). **12,2.** Sie ist die Mutter des Messias (V. 5; vgl. Jes 26,17; 66,7-8; Mi 4,10; 5,3) und auch die Mutter der Gemeinde (V. 17). Nicht eine Einzelperson ist gemeint, sondern das wahre Gottesvolk aller, „die Gottes Gebote befolgen“ (V. 17) und aus dem auch der Messias hervorgeht.

12,3. feuerroter Drache. Der zweite Darsteller betritt die Bühne. Der große Drache ist Satan (V. 9). Der Drache oder die Schlange verkörpern im Alten Testament das Böse (Ps 74,14; Jes 27,1). **zehn Hörner.** Vgl. Dan 7,7. **auf jedem seiner sieben Köpfe eine Krone.** Sieben ist die Zahl der Vollkommenheit, die Krone das Zeichen der Macht. Es handelt sich hierbei also um ein Bild, das für außergewöhnliche Kraft und Machtfülle steht.

12,4. fegte er ein Drittel aller Sterne vom Himmel. Ein weiteres Zeichen außergewöhnlicher Macht. **das Kind … verschlingen.** Das Ziel Satans ist es offenbar, den Messias zu vernichten, Gottes Heilsplan zu stoppen.

12,5. Sohn. Der dritte an dem großen Kampf Beteiligte wird erwähnt. Die verwendeten Attribute zeigen klar, dass es sich um den Messias handelt (vgl. Ps 2,9; Offb 2,27; 19,15). **zu Gott hinaufgenommen und vor seinen Thron gebracht.** Damit wird nicht auf ein besonderes Ereignis im Leben Jesu hingewiesen. Der Abschnitt beschreibt also nicht Geburt, Kreuzigung und Himmelfahrt. Bis zu seinem Wiederkommen in Macht wird der Sohn von der Erde entrückt.

12,6. Aus Zorn darüber, dass sein Versuch, das Kind zu verschlingen, fehlgeschlagen ist, wendet der Drache sich nun gegen die Mutter. Diese wird aber von Gott beschützt, so wie die Gemeinde während der dreieinhalb Jahre, in denen der Drache auf Erden losgelassen ist. **floh in die Wüste.** Hierbei steht nicht der Gedanke der Einöde im Vordergrund, sondern die Wüste ist hier ein Ort der Zuflucht.

12,7-9. Der Blick richtet sich auf den Kampf im Himmel. Es soll gezeigt werden: Satan ist besiegt. Das Ziel dieses Abschnittes ist es, den bedrängten Gemeinden, die unter dem Wirken Satans auf Erden leiden, zu versichern, dass sie es in Wahrheit mit einer bereits besiegten Macht zu tun haben, auch wenn aller Augenschein dagegen spricht. **Michael.** Einer der Erzengel (vgl. Dan 12,1). **die alte Schlange.** Anspielung auf 1 Mo 3,1-5. **Teufel.** Wörtl. *diabolos.* Eine griechische Bezeichnung für den Satan mit der Bedeutung *Durcheinanderwerfer, Verkläger, Gegner* oder *Verleumder* (vgl. Sach 3,1-2; 1 Petr 5,8). **Satan.** Ein hebräischer Ausdruck mit der Bedeutung *Gegner* (Hiob 1,6).

12,10. Die Ankündigung stellt, wie schon in 11,15, als bereits gegenwärtig fest, was sich erst in Zukunft erfüllen wird.

12,11. Der Grund der Niederlage Satans wird genannt: Es ist der Tod Jesu am Kreuz. Dass Menschen im Glauben daran selbst ihr Leben gering achten und Jesus bis zum Tod treu sind, unterstreicht noch, wie umfassend die Niederlage Satans ist.

12,12. Die Niederlage Satans führt zu einer doppelten Reaktion. Auf der einen Seite bricht Jubel im Himmel aus bei denen, die zu Gott gehören. Auf der Erde allerdings beginnt ein Klagen, weil Satan nun seine Macht dort austoben wird. **wehe dir, Erde.** Einige Ausleger sehen darin das dritte Wehe, das in 8,13 angekündigt wurde.

12,13-16. Der Satan folgt der Frau in die Wüste, in der sie dreieinhalb Jahre sicher war (V. 6). Auf wundersame Weise wird die Frau vor den Angriffen Satans gerettet. Manche Einzelheit erinnert an Begebenheiten aus dem Alten Testament (z.B. 2 Mo 14,21ff.; 2 Mo 19,4; 4 Mo 16,1-33).

12,14. Die Frau flieht mithilfe von Adlerflügeln, die ihr gegeben werden (5 Mo 32,10-11; Jes 40,31). Erneut wird der Gemeinde versichert, dass sie bewahrt wird.

12,15.16. Im Alten Testament wird die Flut manchmal als Bild für ein überwältigendes Strafgericht gebraucht (Ps 18,5; Jes 43,2).

12,17. Die Frau hat den Messias bereits geboren. Er ist dem Satan entkommen (V. 5). Nun wendet dieser seinen Zorn gegen ihre anderen Nachkommen, die in diesem Bild für das Volk Gottes stehen. Sie haben bereits den Sieg über Satan erkämpft (V. 10), aber er kann ihnen immer noch schaden. Johannes ermutigt die Gemeinde seiner Zeit: Satan mag euch zwar verfolgen, aber in Wirklichkeit ist er bereits besiegt.

12,18. Um seinen Krieg gegen die Nachkommen der Frau zu führen, stellt sich Satan an die Küste des Meeres und wartet auf das Tier, das sein Werkzeug zur Verfolgung der Gemeinde werden soll.

14 Die beiden Tiere

Offenbarung 13,1-18

Einstieg

(15–20 Minuten) Wählen Sie bitte eine oder zwei Fragen aus.

1. Wer war in Ihrer Kindheit die geduldigste Person in Ihrer Familie? Was beeindruckte Sie dabei besonders?

2. Wer erscheint Ihnen heute als besonders charismatische Persönlichkeit? Worin besteht das Charisma? Und inwiefern hilft es ihm oder ihr?

3. Sind Sie sich schon einmal als Spielball im Spiel von Mächten vorgekommen, die Sie nicht oder nur schwer kontrollieren können? In welcher Hinsicht?

BIBELTEXT

Das Tier aus dem Meer

1 Da sah ich ein Tier aus dem Meer heraufsteigen, ein Tier mit zehn Hörnern und sieben Köpfen. Auf jedem seiner zehn Hörner trug es eine Krone, und auf den Köpfen standen Namen, mit denen Gott verhöhnt wurde. 2 Das Tier glich einem Leoparden; seine Füße allerdings sahen wie Bärentatzen aus und sein Rachen wie der eines Löwen. Der Drache übertrug dem Tier seine Macht; er übergab ihm seinen Thron und stattete es mit außergewöhnlichen Vollmachten aus.

3 Dem Tier war, so schien es, an einem seiner Köpfe eine schwere Verletzung zugefügt worden, eine tödliche Wunde; aber es wurde geheilt. Die ganze Welt staunte darüber und ließ sich völlig in den Bann des Tieres ziehen.

4 Alle beteten den Drachen an, weil er es war, von dem das Tier seine Macht erhalten hatte. Aber auch das Tier beteten sie an. „Wer kann sich mit dem Tier vergleichen?“, sagten sie. „Und wer dürfte es wagen, sich ihm zu widersetzen?“

5 Zweiundvierzig Monate lang ließ Gott es zu, dass das Tier seine Macht ausübte und überhebliche und gotteslästerliche Reden führte. 6 Es riss sein Maul auf und stieß Lästerungen gegen ihn aus; es verhöhnte seinen Namen und seine heilige Wohnung sowie alle, die ihre Heimat im Himmel haben.

7 Dem Tier wurde sogar erlaubt, mit denen, die zu Gottes Volk gehören, Krieg zu führen, und Gott ließ zu, dass es sie besiegte. Über jeden Stamm und jedes Volk durfte es seine Macht ausüben, über die Menschen aller Sprachen und Kulturen. 8 Alle Bewohner der Erde werden das Tier anbeten – alle außer denen, deren Namen seit der Erschaffung der Welt im Buch des Lebens eingetragen sind, im Buch des Lammes, das geopfert wurde.

9 Wer bereit ist zu hören, der gebe jetzt besonders Acht:
10 Wenn jemand für die Gefangenschaft bestimmt ist,
wird er in Gefangenschaft geraten.
Und wenn jemand durch das Schwert umkommen soll,
wird er durch das Schwert umkommen.
Hier ist die ganze Standhaftigkeit und Treue derer gefordert, die zu Gottes heiligem Volk gehören.

Das Tier aus der Erde

11 Dann sah ich ein zweites Tier. Es stieg nicht wie das erste aus dem Meer
herauf, sondern aus der Erde, hatte zwei Hörner wie ein Lamm und redete
wie ein Drache. 12 Dieses zweite Tier handelte unter der Aufsicht und mit
der ganzen Autorität des ersten, und es brachte die Bewohner der ganzen
Erde dazu, das erste Tier anzubeten, das Tier, das eine tödliche Wunde ge-
habt hatte und geheilt worden war. 13 Es tat große und Aufsehen erregende
Dinge und ließ vor den Augen der Menschen sogar Feuer vom Himmel auf
die Erde fallen.
14 Mit Hilfe solcher außergewöhnlicher Taten, zu denen es vom ersten Tier
ermächtigt war und die es in seiner Gegenwart vollbrachte, gelang es ihm,
die Bewohner der Erde irrezuführen. Es überredete sie, ein Standbild zu
Ehren des Tieres zu errichten, das vom Schwert tödlich getroffen und trotz-
dem wieder lebendig geworden war. 15 Es wurde sogar dazu befähigt, dieser
Nachbildung des ersten Tieres Leben einzuhauchen, sodass das Standbild
reden konnte und alle töten ließ, die sich weigerten, es anzubeten. 16 Außer-
dem sorgte das zweite Tier dafür, dass alle – Kleine und Große, Reiche und
Arme, Freie und Sklaven – sich ein Kennzeichen auf die rechte Hand oder
auf die Stirn machen ließen. 17 Ohne dieses Kennzeichen – den Namen des
ersten Tieres oder vielmehr die Zahl, die für diesen Namen steht – war es
unmöglich, etwas zu kaufen oder zu verkaufen.
18 Hier ist Weisheit gefragt. Wer Verstand und Einsicht hat, der finde heraus, was die Zahl des Tieres bedeutet. Sie bezeichnet einen Menschen; es ist die Zahl sechshundertsechsundsechzig.

Bibelgespräch
(30–40 Minuten)
Wählen Sie ggf. unter den Fragen aus.

1. Beschreiben Sie mit eigenen Worten das Tier aus dem Meer. Woher hat es seine Macht? Wie benutzt es seine Macht? Gibt es Grenzen dieser Macht?

2. Wer verehrt das Tier?

3. Wen sahen die Christen des 1. Jahrhunderts in diesem Tier (vgl. Dan 7, Röm 13,1 und die Erläuterung zu 13,2)?

4. Welchen Einfluss hat das Tier auf die Christen?

5. Wie wird das Tier aus der Erde in V. 11-17 beschrieben?

6. Welche Verbindung besteht zwischen den beiden Tieren und zwischen Regierung und Religion?

7. Vergleichen Sie die Einstellung zum Römischen Reich mit Röm 13,1-7. Wie erklären Sie sich den Unterschied?

8. Was bedeutet wohl die Zahl 666 in der Offenbarung, wenn die Zahl Sieben die Zahl der Vollkommenheit ist?

Austausch

(15–20 Minuten) Wählen Sie ggf. unter den Fragen aus. Sie können das Gespräch mit einem gemeinsamen Gebet abschließen.

1. Gibt es in Ihrem Leben auch solche „Tiere" (Menschen, Mächte, Institutionen ...), die Ihr Vertrauen gegenüber Christus auf die Probe stellen? Können Sie sich Umstände vorstellen, in denen Sie Ihr Vertrauen auf Gott aufgeben könnten?

2. Kommen Ihnen manchmal Zweifel daran, dass Ihr Name im Buch des Lebens eingetragen ist? Wie gehen Sie dann damit um? Was würden Sie jemandem raten, der dieses Problem hat?

3. Hat sich in Ihrem Leben etwas verändert, seit Sie sich mit der Offenbarung beschäftigen? Hat sich Ihr Blick für Gott verändert?

4. Möchten Sie ein Gebetsanliegen für die nächsten Tage nennen?

ERLÄUTERUNGEN

13,1-18. Johannes schildert nun im Einzelnen das Tier aus dem Meer (13,1-10) und das Tier aus der Erde (13,11-18). Zusammen mit dem Drachen bilden diese Tiere eine Art Trinität des Bösen.

13,1. Tier. Das Tier steht für jede feindliche, böse Macht, die der Gemeinde Gottes entgegentritt und sie verfolgt, aber vor allem für die Figur des Antichristen aus der Endzeit (wörtl.: *anstelle von Christus*; der Begriff selbst kommt nur in 1 Joh 2,18.22; 4,3; 2 Joh 7 vor). Indirekt ist auch an anderen Stellen der Bibel von diesem Gegenspieler des Christus die Rede (vgl. Dan 7,7.8.19 ff.; Mk 13,14; 2 Thess 2,3.4). Der Antichrist steht unter der Leitung des Satans und versucht, die Völker zu verführen (2 Thess 2,9.10). In Offb 11,7 kommt das Tier aus dem Abgrund – ein symbolischer Hinweis auf seine dämonische Herkunft. **aus dem Meer.** Das Meer wird in der Bibel oft als Ursprungsort des Bösen und Sitz der Chaosmächte angesehen. **sieben Köpfe/zehn Hörner/ Krone.** Wie der Drache hat auch das Tier mehrere Köpfe und Hörner. Dennoch gibt es einen Unterschied. Der Drache hat sieben Kronen auf seinem Haupt, während das Tier die zehn Kronen auf seinen Hörnern hat. Diese zehn Kronen stehen wohl für zehn Könige (Offb 17,12). **Namen, mit denen Gott verhöhnt wurde.** Das Tier hat sich selbst göttliche Namen zugelegt. Nach V. 4 wird es angebetet. Das stimmt überein mit der Beschreibung des Feindes Gottes bei Paulus: „Er wird sich allem widersetzen und sich über alles erheben, was Gott genannt wird und Gegenstand der Verehrung ist. Mehr noch: Er wird seinen Thron im Tempel Gottes aufstellen und sich selbst als Gott ausgeben" (2 Thess 2,4). Diese Selbstvergötterung des Antichristen hatte ein geschichtliches Vorbild. Die göttliche Verehrung des Herrschers war im Römischen Reich üblich. Den ausdrücklichen Anspruch auf Göttlichkeit machte Domitian (81–96 n. Chr.) geltend. Er gab sich den Titel *dominus et deus – Herr und Gott.* Es gibt kaum einen Zweifel daran, dass das Tier für Johannes das Römische Reich z. Zt. Domitians darstellte, das die Christen bitter verfolgte. Dennoch weist die Schilderung dieses Tieres über den damaligen geschichtlichen Hintergrund hinaus. Die Erfüllung der Vision wird der menschlichen Geschichte ein Ende bereiten. In der Vergöttlichung weltlicher Autorität war das Tier schon immer zu erkennen, und diese Überheblichkeit wird in der Endzeit auf die Spitze getrieben.

13,2. Die Schilderung des Tiers greift zurück auf Motive aus Dan 7 und vereinigt alle Eigenschaften der dort beschriebenen vier Tiere in einem. Das Tier ist die Verkörperung des Bösen, denn seine Macht erhält es vom Drachen, vom Satan. In Daniel repräsentieren die vier Tiere vier unterschiedliche Reiche, die sich gegen Gott stellen.

13,3. Das Tier wurde tödlich verwundet, aber später wiederbelebt (vgl. Offb 13,14). Hier werden Tod und Auferstehung Jesu durch das Böse nachgeäfft.

13,4. auch das Tier beteten sie an. Der Drache (Satan) und das Tier (Antichrist) stellen sich gegen Gott und den Messias in einer Art übernatürlicher Gemeinsamkeit, indem sie die in V. 3 begonnene Parallele fortführen. Sie stellen sich selbst als Gottheiten dar und versuchen, die Menschen von der Verehrung des wahren Gottes abzubringen.

13,5. Das Tier erhebt einen gottgleichen Anspruch. Das steht in Einklang mit Dan 7,8.20.25. **ließ Gott es zu, dass das Tier ... gotteslästerliche Reden führte.** Die eigentliche Lästerung ist der Anspruch, Gott gleich zu sein. **Zweiundvierzig Monate lang.** Vgl. Erklärung zu Offb 11,2.

13,7. Das Tier wendet seinen Zorn gegen die Gemeinde Gottes, und es kommt zu einer Zeit großer Verfolgung. Dieser Vers besagt nicht, dass es dem Tier gelingt, die Gläubigen vom Glauben an Gott und der Nachfolge Jesu abzubringen. Es ist lediglich in der Lage, sie zu töten. Allerdings, so stellt sich im Gegenzug heraus, haben die Märtyrer durch ihre Standhaftigkeit einen großen Sieg errungen (Offb 15,2).

13,8. Von allen wird gefordert, dass sie das Tier anbeten. Die zum Lamm gehören und sich weigern, sterben als Märtyrer. **Buch des Lebens... Buch des Lammes.** S. Erklärung zu Offb 3,5. Durch dieses Bild soll ausgedrückt werden, dass bei Gott niemand verloren geht – wiederum eine Vergewisserung der angefochtenen Christen.

13,9. Eine Aufforderung, die auch Jesus oft benutzte, wenn er Menschen dazu bringen wollte, in besonderer Weise aufmerksam zu sein. Sie sollten einen entscheidenden Gedanken aufnehmen, den er weitergeben wollte (vgl. Mt 11,15).

13,10. die ganze Standhaftigkeit und Treue. Es gilt auszuhalten, bis Christus wiederkommt und über das Böse Gericht hält.

13,11-18. Das zweite Tier will die Menschen manipulieren, damit sie das erste Tier anbeten. Vermutlich ist damit eine organisierte öffentliche Religiosität gemeint. Das Tier wird später als falscher Prophet bezeichnet (Offb 16,13; 19,20; 20,10). Das erste Tier repräsentiert die staatliche Gewalt, das zweite die religiöse Macht, die dazu benutzt wird, die staatliche Gewalt zu unterstützen. Mit dem Auftreten dieses Tieres ist die satanische „Dreieinigkeit“ vollständig. Satan, der Antichrist und der falsche Prophet stehen Gott dem Vater, Sohn und Heiligen Geist gegenüber.

13,11. zwei Hörner wie ein Lamm. Das zweite Tier erscheint wie eine schlechte Nachbildung des Christus: ein Untier, das vorgibt, ein Lamm zu sein. **redete wie ein Drache.** An seiner Stimme wird sein wahres Wesen erkannt (Mt 7,15).

13,13-15. Das zweite Tier besitzt Macht, aber diese Macht ist vom Satan verliehen (vgl. 2 Thess 2,9.10). Sie ähnelt der Magie.

13,13. tat Aufsehen erregende Dinge. In gleicher Weise wie in V. 5-7 (wo es um das erste Tier geht) wird viermal im griechischen Text der Ausdruck *ihm wurde gegeben* verwendet. Damit wird betont, dass das erste und auch das zweite Tier Marionetten Satans sind. Sie besitzen keine eigene Macht.

13,14. eine Statue zu Ehren des Tieres. Ein Standbild des ersten Tieres wird angefertigt, und durch die Macht des falschen Propheten beginnt es zu sprechen. Die Absicht hinter diesem Wunder ist es, die Macht Gottes nachzuäffen, die schöpferisch neues Leben schafft.

13,15. alle töten ließ, die sich weigerten. In diesem Kampf zwischen Gott und dem Satan befiehlt das Standbild den Tod derer, die es nicht anbeten wollen.

13,16. Der Satan fährt damit fort, Gott und seine Wege nachzuäffen (vgl. 13,3-4). Er veranlasst, dass die Menschen mit dem Namen des Tieres versiegelt werden, ähnlich wie Gott es mit seinem Zeichen in 7,3 tat. Es gibt nun Menschen, die für Gott, und andere, die für den Satan versiegelt sind. **Kennzeichen.** Tiere versah man mit Brandzeichen. Einige Sklaven wurden in ähnlicher Weise mit den Namen ihrer Besitzer gekennzeichnet. Bestimmte religiöse Anhänger ließen sich tätowieren. Der Ausdruck verweist zugleich auf das römische Staatsemblem, das auf Dokumenten oder Münzen benutzt wurde.

13,17. Besaß man das Zeichen des Tieres nicht, so musste man mit ernsthaften wirtschaftlichen Konsequenzen rechnen. Ohne das Zeichen konnte man weder kaufen noch verkaufen.

13,18. sechshundertsechsundsechzig. Es sind viele Versuche unternommen worden, diese Zahl in einen Namen zu übersetzen (Buchstaben sind im Lateinischen, Griechischen und im Hebräischen zugleich Zahlenwerte). Kein Versuch hat wirklich überzeugt, da all diese Vorschläge letzten Endes nur auf vagen Vermutungen beruhen. Da die Zahl Sieben die Vollkommenheit symbolisiert, drückt die Zahl 666 vielleicht einen dreifachen, also vollständigen Mangel an Vollkommenheit aus. Satan und sein Gefolge versuchen, den dreieinigen Gott zu imitieren, scheitern aber kläglich.

Die Erlösten – drei Engel – Gottes Ernte

15

Offenbarung 14,1-20

1. Überlegen Sie einmal, wem Sie in den letzten Tagen am meisten vertraut haben. In welchen Zusammenhängen war das? Woher wissen Sie, wann ein Mensch vertrauenswürdig ist? Woher wissen Sie dies im Blick auf Gott?

2. In welchen Situationen kommen Ihnen am ehesten Lieder über die Lippen?

3. Haben Sie Angst vor dem Tod? Welche Formen des Umgangs mit dem Tod nehmen Sie bei Ihren Mitmenschen wahr?

Einstieg

(15–20 Minuten) Wählen Sie bitte eine oder zwei Fragen aus.

BIBELTEXT

Das Lamm und die 144000 Freigekauften

1 Nun sah ich das Lamm auf dem Zionsberg stehen und bei ihm hundertvier-
undvierzigtausend Menschen, auf deren Stirn sein Name und der Name sei-
nes Vaters geschrieben waren. 2 Aus dem Himmel ertönte ein Brausen, das
sich wie das Tosen einer mächtigen Brandung und wie gewaltiges Donner-
rollen anhörte und gleichzeitig wie Musik von Harfenspielern klang. 3 Was
ich hörte, war ein neues Lied, das vor dem Thron und vor den vier lebendi-
gen Wesen und den Ältesten gesungen wurde. Niemand war imstande, es zu
lernen, außer den Hundertvierundvierzigtausend, die aus allen Völkern der
Erde freigekauft sind. 4 Sie haben sich durch keinerlei Untreue dem Lamm
gegenüber schuldig gemacht, sondern haben sich rein bewahrt wie eine
Braut für ihren Bräutigam und folgen dem Lamm, wohin es auch geht. Unter
allen Menschen sind sie diejenigen, die freigekauft wurden und wie eine
Erstlingsgabe Gott und dem Lamm geweiht sind. 5 Über ihre Lippen ist nie
eine Lüge gekommen; es ist nichts an ihnen, was Tadel verdient.

Die Gerichtsbotschaft der drei Engel

6 Dann sah ich einen Engel, der hoch oben am Himmel flog. Ihm war eine
Botschaft von ewiger Bedeutung anvertraut, die er allen Bewohnern der
Erde zu verkünden hatte, allen Völkern und Stämmen, den Menschen aller

Sprachen und Kulturen. 7 Mit lauter Stimme rief er: „Unterstellt euch Got-
tes Herrschaft und erweist ihm die Ehre, die ihm gebührt! Denn jetzt ist die
Stunde gekommen, in der er Gericht hält. Fallt vor ihm nieder und betet ihn
an, den Schöpfer des Himmels und der Erde, des Meeres und aller Quellen."
8 Auf den ersten Engel folgte ein zweiter. Er rief: „Sie ist gefallen! Gefallen
ist die mächtige Stadt Babylon, die allen Völkern vom Wein ihrer Unmoral zu
trinken gab und damit den furchtbaren Zorn Gottes über sie brachte!"
9 Diesen beiden Engeln folgte ein dritter. Er rief mit lauter Stimme: „Wenn
jemand das Tier und sein Standbild anbetet und sich das Kennzeichen des
Tieres auf der Stirn oder auf der Hand anbringen lässt, 10 muss er aus dem Be-
cher des Gerichts den starken, unverdünnten Wein von Gottes furchtbarem
Zorn trinken. In Gegenwart der heiligen Engel und in Gegenwart des Lammes
wird er in Feuer und brennendem Schwefel Qualen erleiden. 11 Keiner von
denen, die das Tier und sein Standbild anbeten und das Kennzeichen tra-
gen, das für seinen Namen steht, wird jemals Ruhe finden, weder am Tag
noch in der Nacht; der Rauch des Feuers, in dem sie Qualen leiden, wird für
immer und ewig aufsteigen."
12 Hier ist die ganze Standhaftigkeit derer gefordert, die zu Gottes heili-
gem Volk gehören – die unbeirrbare Treue derer, die seine Gebote befolgen
und auf Jesus vertrauen.
13 Aus dem Himmel hörte ich eine Stimme, die mir befahl: „Schreibe:
Glücklich zu nennen sind die, die dem Herrn bis zu ihrem Tod treu bleiben!
Das gilt von jetzt an mehr als je zuvor." – „Ja", sagt der Geist, „sie werden
sich von aller Mühe ausruhen, denn was sie getan haben, wird nicht unbe-
lohnt bleiben."

Die Erde – reif für das Gericht

14 Dann sah ich eine leuchtend weiße Wolke, auf der jemand saß, der wie
der Menschensohn aussah. Er trug eine goldene Krone auf dem Kopf und
hielt eine scharfe Sichel in der Hand. 15 Ein Engel kam aus dem Tempel im
Himmel und rief dem, der auf der Wolke saß, mit lauter Stimme zu: „Mach
dich mit deiner Sichel an die Arbeit und bring die Ernte ein! Die Zeit dafür ist
gekommen; die Erde ist reif für die Ernte." 16 Da ließ der, der auf der Wolke
saß, seine Sichel über die Erde gleiten, und die Erde wurde abgeerntet.
17 Nun kam aus dem Tempel im Himmel ein anderer Engel; auch er hatte
ein Erntewerkzeug bei sich, ein scharfes Winzermesser. 18 Und ein weite-
rer Engel kam vom Altar her; es war der Engel, dem das Feuer unterstellt
war. Mit lauter Stimme rief er dem, der das Winzermesser in der Hand hielt,
zu: „Mach dich mit deinem scharfen Winzermesser an die Arbeit und ernte
die Trauben vom Weinberg der Erde! Sie sind reif." 19 Da ließ der Engel sein
Messer durch den Weinberg der Erde fahren und erntete ihn ab. Die Früchte
warf er in eine riesige Weinpresse außerhalb der Stadt, die Weinpresse von

Gottes furchtbarem Zorn. [20] Als die Trauben gekeltert wurden, schoss ein Strom von Blut aus der Presse, der den Pferden bis an die Zügel reichte und tausendsechshundert Stadien weit floss.

Bibelgespräch

(30–40 Minuten) Wählen Sie ggf. unter den Fragen aus.

1. Finden Sie angesichts des Chaos, das in den Kapiteln 12 und 13 beschrieben wird, in diesem Abschnitt auch etwas Ermutigendes?

2. Wer ist das Lamm und warum folgen die Menschen ihm?

3. Stellen Sie zwischen sich und den 144 000 irgendeine Ähnlichkeit oder Unterschiede fest?

4. Hat sich die Vision in V. 6-7 bereits erfüllt?

5. Welche Botschaft verbreitet der zweite Engel? Wer könnte das gefallene Babylon sein?

6. Wie unterscheidet sich das Reich Satans (13,2-10) von der Gemeinde Gottes (14,1-5)? Vgl. dazu auch 13,11-18 und 14,6-13.

7. Versuchen Sie in den Versen 14-20 die vier himmlischen Wesen aus der fünften Vision wiederzuerkennen. Welche Rolle hat jedes von ihnen?

8. Welche Unterschiede bestehen zwischen den beiden Teilen der Vision (14-16 und 17-20)? Von welcher Art ist das Gericht, das sich ereignen wird (vgl. Mt 13,30.39)?

9. Wofür steht das Bild des Erntens von Früchten oder Weintrauben meist in der Bibel? Vgl. die Erläuterung zu 14,18.

10. Vergleichen Sie das Bild der Engel in der Offenbarung mit der Vorstellung von Engeln, die unsere Gesellschaft hat. Welche Bedeutung hat die Existenz von Engeln für Sie?

Austausch

(15–20 Minuten) Wählen Sie ggf. unter den Fragen aus. Sie können das Gespräch mit einem gemeinsamen Gebet abschließen.

1. Haben Sie einen Beitrag dazu geleistet, das Evangelium „allen Bewohnern der Erde“ (V. 6) zu verkünden?

2. Denken Sie, dass die heutige Welt reif für das Gericht Gottes ist? Meinen Sie, dass das Ende bald bevorsteht? Warum oder warum nicht? Inwiefern hat das einen Einfluss auf Ihr Leben?

3. Die Apokalyptiker wünschten sich das Ende der Welt möglichst bald herbei. Glauben Sie, dass ein Christ auch so denken sollte?

4. Was hat Ihnen in der vergangenen Woche die Nachfolge Jesu schwer gemacht? Was hat Ihnen geholfen?

5. Haben Sie schon einmal Erfahrungen mit Ritualen oder Gewohnheiten gemacht, die für das Leben im Glauben eine Hilfe sind? Erzählen Sie davon.

6. Gibt es ein Gebetsanliegen, das Sie in dieser Runde gerne äußern möchten?

ERLÄUTERUNGEN

14,1-20. Zwischen den sieben Posaunen und den sieben Schalen beschreibt Johannes weitere Visionen zum kommenden endgültigen Gericht. Sie dienen dazu, die Leser zu vergewissern, dass die Gottlosen bestraft und die Heiligen bewahrt werden.

14,1-5. Die erste dieser Visionen spricht vom Lamm und den 144 000, die sein Zeichen tragen und auf dem Berg Gottes stehen. Dies steht im harten Gegensatz zur vorherigen Vision über das Tier und alle, die das Zeichen des Tieres tragen. Erneut (vgl. 10,7; 11,15) wird der Blick in die Zukunft gewandt, es ist die Zeit nach dem Gericht (von dem gesprochen wird, als ob es bereits geschehen wäre). Die Vollendung dieser Vision wird erst in Kap. 20 bis 22 beschrieben.

14,1. auf dem Zionsberg. In einer Vision des Propheten Joel ist das der Platz der Befreiung für alle, die den Namen Gottes anrufen (Joel 3,5). Es handelt sich um das himmlische Zion, das Jerusalem im Himmel (vgl. Gal 4,26; Hebr 12,22); die ganze Szene spielt sich in einem himmlischen Umfeld ab.

14,4. Die 144 000 stehen auch hier wieder für die Gesamtheit der Erlösten. **haben sich rein bewahrt wie eine Braut für ihren Bräutigam.** Israel wird im Alten Testament oft als Jungfrau bezeichnet (vgl. 2 Kön 19,21; Jer 18,13; Klgl 2,13; Amos 5,2 jeweils nach der Lutherübersetzung) und Götzendienst mit Ehebruch (Hes 16,17) verglichen. Im Neuen Testament wird dieses Bild auch auf die Gemeinde angewandt (z. B. 2 Kor 11,2). Deshalb kann dieser Ausdruck bildlich verstanden werden: die Gemeinde, die sich als makellose Braut Christi nicht durch die gottfeindliche Welt im Glauben hat beirren lassen. **rein.** Johannes nennt die Gefolgschaft des Tieres „Unzucht“ (vgl. 14,8; 17,2; 18,3.9; 19,2). Das Bild vom geistlichen Ehebruch findet sich auch im Alten Testament (Jer 3,6; Hos 2,4-7). Wahrscheinlich bedeutet es an dieser Stelle, dass die Menschen sich rein gehalten haben, indem sie nicht das Tier anbeteten. **folgen dem Lamm.** Die 144 000 sind Menschenänner und Frauen, die den Lehren und Anweisungen Jesu gefolgt sind. **Erstlingsgabe.** Ursprünglich handelte es sich dabei um die Opfergabe der ersten Früchte am Beginn der Ernte (vgl. 3 Mo 23,9-14), die Gott gehörte und dem Priester bzw. dem Tempel gespendet wurde. Im Neuen Testament wird der Begriff im Blick auf die ersten Gläubigen in einem bestimmten Gebiet (Röm 16,5) gebraucht und auf Christus bezogen, der als Erster von den Toten auferstand (1 Kor 15,20). Sowohl von Israel als auch von der Gemeinde wird in dieser Weise gesprochen (Jer 2,3; Jak 1,18).

14,6-13. Die nächste Vision beschreibt drei Engel. Der erste verkündigt das Evangelium (14,67); der zweite kündet den Fall Babylons an (14,8) und der dritte offenbart das Schicksal derer, die dem Tier folgen (14,9-11).

14,6.7. Die Visionen im Kap. 14 sind wohl nicht chronologisch angeordnet. 14,1-5 handelt von der endgültigen Rettung des Volkes Gottes, während der Engel hier die Menschen erst zur Nachfolge aufruft. **allen Bewohnern der Erde.** Erneut (wie schon in 3,10; 6,10; 8,13) verweist dies auf die Menschen, die Gott nicht folgen. Der Engel ruft sie auf, ihr Denken und Handeln zu ändern und zu Gott zu kommen. Selbst noch am Vorabend des Letzten Gerichts werden alle, die außerhalb von Gottes Reich stehen, zur Umkehr eingeladen. **ihn, den Schöpfer des Himmels und der Erde.** Im Angesicht der Macht des Tieres bestätigt der Engel, dass Gott es war, der alles, was existiert, geschaffen hat.

14,8. Dies ist eine weitere Ankündigung des Kommenden (vgl. 11,15; 12,10), und zwar so, als ob das Ereignis bereits geschehen wäre (17,1 – 18,24). **Babylon.** Das historische Babylon war eine gewaltige Stadt in Mesopotamien (dem heutigen Irak), die bekannt war für ihren Luxus und ihre Verdorbenheit. Zugleich war sie ein traditioneller Feind Israels. Babylon steht hier für eine von Gott abgefallene Zivilisation, ein Symbol der menschlichen Gesellschaft, die sich politisch, wirtschaftlich und religiös in Opposition zu Gott organisiert hat. Aus der Sicht des 1. Jahrhunderts verbarg sich hinter diesem Bild die Weltstadt Rom, das Zentrum der Gegnerschaft gegen das Christentum. **vom Wein ihrer Unmoral zu trinken gab.** Rom verführte und berauschte die Völker durch Macht, Luxus und Verdorbenheit (17,2).

14,9-11. Der dritte Engel enthüllt das Schicksal derjenigen, die sich nicht von dem Tier abwenden. Im Gegensatz zu 13,15-17, wo alle, die das Tier nicht anbeten, getötet und aus der Gesellschaft ausgeschlossen werden, sind hier die, die das Tier anbeten und sein Zeichen tragen, Gegenstand des Zornes Gottes. **Feuer und brennendem Schwefel.** Der brennende See ist ein Bild der ewigen Strafe, die Satan und seine Mächte erwartet (20,10.14-15). **der Rauch des Feuers... wird für immer und ewig aufsteigen.** In diesem Bild wird die erschreckende Realität des göttlichen Zornes sichtbar, der über alle ausgeschüttet wird, die sich bewusst und ohne Reue gegen Gott gewandt haben.

14,12. Dies sind nicht die Worte des Engels, sondern eher ein darauf folgender Kommentar. Es war nicht leicht, unter der Herrschaft des Tieres zu leben. Aber die Konfrontation mit den Folgen für jene, die dem Tier anhängen (V. 9-11), ermutigte die Glaubenden, durchzuhalten.

14,13. Dieser Gedanke wird erneut verstärkt durch die Stimme aus dem Himmel. Auch wenn Standhaftigkeit den Tod bedeuten konnte, so folgt doch diesem Tod der Gläubigen ein gutes Ende: ewige Ruhe und Belohnung für ihre Treue. **glücklich zu nennen.** Dies ist die zweite von sieben Seligpreisungen in der Offenbarung (vgl. 1,3; 16,15; 19,9; 20,6; 22,7.14). **von jetzt an.** Damit wird nicht gesagt, dass denen, die vor der großen Verfolgungszeit sterben, dieser Segen entgeht. Die Aussage erinnert lediglich alle, die der schrecklichen Verfolgung ausgesetzt sind, daran, was auf sie wartet. **von aller Mühe ausruhen.** Es handelt sich nicht um das Ausruhen von der gewöhnlichen Arbeit, sondern um die

Beendigung der Versuchungen, die diejenigen ausgesetzt sind, die Jesus inmitten des feindlichen Reiches des Satans treu bleiben.

14,14-20. Bei den letzten beiden Bildern dieses Kapitels geht es um die Weizenernte (14,14-16) und die Weinlese (14,17-20). Beide Bilder beschreiben das Letzte Gericht (Jer 51,33; Hos 6,11; Mk 4,29; Mt 13,39).

14,14. jemand … wie der Menschensohn aussah. Dieser Titel stammt ursprünglich aus Daniel 7,13-14. Jesus benutzte diese Bezeichnung besonders gerne für sich selbst (vgl. Mk 2,10). Hier weist der Titel auf den Messias hin, der zum Gericht kommt (Mt 13,37-43; 25,31-46).

14,15. bring die Ernte ein. Das Bild der Ernte enthält im Neuen Testament sowohl den Aspekt des Sammelns von Menschen in Gottes Königreich (vgl. Mt 9,37-38) wie auch des Sammelns der Gottlosen zum Gericht (Mt 13,30.40-42). Das Bild war in seiner Zeit unmittelbar verständlich und beinhaltet den Prozess der Beurteilung aller Zeiten und die Vergeltung für die Guten und die Bösen.

14,16. Diese Ernte wird in Kap. 19 und 20 noch genauer beschrieben.

14,17-20. Während es sich beim ersten Bild um das Sammeln aller Menschen handelt (sowohl der Nachfolger Gottes als auch der Nachfolger des Tieres), geht es im zweiten Bild eindeutig um das Gericht über die Gottlosen.

14,18. Auch an anderer Stelle in der Bibel drückt das Bild der Weinlese Gericht aus (vgl. Jes 63,26; Joel 4,13).

14,19. Ganz deutlich ist hier das Gericht und nicht die Rettung im Blick. Die Weintrauben werden in eine Weinpresse geworfen und zerquetscht. **Weinpresse.** Die Trauben wurden in eine etwa drei mal drei Meter große, aus dem Stein gehauene Mulde geschüttet, die eine Rinne hatte, die zu einer zweiten Mulde führte. Die Trauben im oberen Becken wurden von den Menschen mit ihren Füßen zertreten, um den Traubensaft zu gewinnen, der in die untere Mulde floss.

14,20. Das Bild wechselt vom Wein zum Blut. Die Menge des Blutes ist enorm. **bis an die Zügel.** Über einen Meter hoch. **tausendsechshundert Stadien.** 300 Kilometer; etwa die Länge Israels.

Die sieben letzten Katastrophen

16

Offenbarung 15,1-8

Einstieg

(15–20 Minuten) Wählen Sie bitte eine oder zwei Fragen aus.

1. Was löst der Gedanke an das Gericht Gottes in Ihnen aus? Welche Rolle spielt diese Perspektive in Ihrem Glaubensleben?
2. Worauf freuen Sie sich im Blick auf die Ewigkeit am meisten? Haben Sie sich schon einmal gefragt, ob es im Himmel nicht vielleicht langweilig werden könnte?
3. Sollten Christen mehr vom Zorn Gottes reden, damit Menschen sich bekehren?

BIBELTEXT

Das Lied der Überwinder

1 Daraufhin sah ich am Himmel von neuem etwas Außergewöhnliches und Bedeutungsvolles. Es war eine Furcht erregende Erscheinung: sieben Engel, deren Auftrag es war, die sieben letzten Plagen über die Erde hereinbrechen zu lassen. Erst wenn diese Plagen vorüber sind, ist das Gericht, das Gott in seinem furchtbaren Zorn über die Erde verhängt hat, zum Abschluss gekommen.

2 Ich sah etwas wie ein gläsernes Meer, das mit Feuer vermischt zu sein schien. An seinem Ufer sah ich die stehen, die siegreich aus dem Kampf mit dem Tier hervorgegangen waren – alle, die sein Standbild nicht angebetet hatten und sich die Zahl seines Namens nicht hatten anbringen lassen. Sie
hatten von Gott Harfen bekommen 3 und sangen nun das Lied des Lammes,
jenes Lied, das schon Mose, der Diener Gottes, gesungen hatte

„Groß und wunderbar sind deine Werke, Herr, du allmächtiger Gott!
Gerecht und gut sind deine Wege, du König der Völker.
4 Wer sollte sich dir nicht in Ehrfurcht unterstellen, Herr?
Wer sollte deinen Namen nicht ehren? Denn du allein bist heilig!
Ja, alle Völker werden kommen und vor dir niederfallen, um dich anzubeten.
Denn dein gerechtes Tun ist für alle sichtbar geworden.“

Die Schalen des Zorns

5 Danach sah ich, wie sich der Tempel im Himmel öffnete, das heilige
Zelt, 6 und wie die sieben Engel herauskamen, die die sieben Plagen über
die Erde hereinbrechen lassen sollten. Sie waren in reines, strahlend weißes
Leinen gekleidet und trugen ein breites goldenes Band um die Brust. 7 Eines
der vier lebendigen Wesen reichte den sieben Engeln sieben goldene Scha-
len, die mit dem furchtbaren Zorn Gottes gefüllt waren – dem Zorn dessen,
der in alle Ewigkeit lebt.

8 Der ganze Tempel füllte sich mit Rauch, weil die Herrlichkeit Gottes und
seine Macht gegenwärtig waren. Und niemand konnte den Tempel betreten,
bis die sieben Plagen vorüber waren, mit denen die sieben Engel das Ge-
richt Gottes vollstreckten.

Bibelgespräch

(30–40 Minuten) Wählen Sie ggf. unter den Fragen aus.

1. Vergleichen Sie das Lied des Mose bei der Befreiung aus Ägypten (2 Mo 15,1-18) mit dem Lied, das hier von den standhaften Gerechten gesungen wird, die dem Tier widerstanden haben. Welche Erfahrung besingt das Lied?

2. Wie beschreibt Johannes das neue Zeichen? Warum spricht er davon, dass nun die letzten Plagen folgen?

3. Was ist mit dem Tempel im Himmel gemeint?

Austausch

(15–20 Minuten) Wählen Sie ggf. unter den Fragen aus. Sie können das Gespräch mit einem gemeinsamen Gebet abschließen.

1. Was löst dieser Abschnitt in Ihnen an Gefühlen, Wünschen, Plänen aus?

2. Können Sie in das Siegeslied vor dem Thron Gottes (V. 3.4) einstimmen? Hat Ihnen die letzte Woche Anlass gegeben, Gott zu loben? Welche Bedeutung hat das Gotteslob für Sie?

3. Hat die bisherige Beschäftigung mit der Offenbarung Sie eher dazu geführt, Gott zu loben oder vor der Zukunft Angst zu bekommen? Was denken Sie, will Gott Ihnen durch die Offenbarung sagen?

4. Möchten Sie ein Gebetsanliegen für die nächste Woche nennen?

15,1 – 16,21. Sieben Siegel wurden geöffnet (6,1-17; 8,1) und sieben Posaunen geblasen (8,2 – 9,21; 11,15-19); nun sollen sieben Schalen des Zornes Gottes ausgeschüttet werden. Es scheint sich bei den Schalen um eine Analogie zu den Posaunengerichten zu handeln. Sie könnten aber auch der Inhalt des dritten Weherufs von 14,9 sein.

15,1. etwas Außergewöhnliches und Bedeutungsvolles. Es handelt sich dabei um das dritte Vorzeichen. Das erste war die Frau am Himmel (12,1), das zweite der feuerrote Drache (12,3). In dieser Erscheinung geht es um die letzten und endgültigen Gerichte Gottes. **die letzten sieben Plagen.** Es handelt sich dabei um die dritte und letzte Reihe von Katastrophen. **Erst wenn … ist das Gericht … zum Abschluss gekommen.** Mit der Ausleerung der Zornesschalen vollzieht sich eine weitere Reihe von Katastrophen – nach dem Plan Gottes. Die Warnungen Gottes an die Welt vor dem drohenden Endgericht gehen zu Ende.

15,2-4. Erneut sieht Johannes ein Geschehen, das sich in Wirklichkeit erst nach dem Tag des Gerichtes ereignen wird. Hier ist es die Vision der Märtyrer, die zwar vom Tier getötet wurden, nun aber um das himmlische Meer stehen und das Lied des Lammes singen.

15,2. etwas wie ein gläsernes Meer … mit Feuer vermischt. Das Meer, das sich vor dem Thron Gottes ausbreitet (4,6). **die, die siegreich … waren.** Sie haben dem Drängen des Tieres widerstanden (13,15-17) und weigerten sich, das Tier anzubeten und sein Zeichen anzunehmen (14,12). Stattdessen gingen sie in den Tod und vereitelten so das Ziel des Tieres.

15,3. Die ersten vier Zeilen dieses Liedes sind ein gutes Beispiel für das Hauptstilmittel hebräischer Poesie: Jeweils zwei aufeinanderfolgende Zeilen haben im Wesentlichen dieselbe Aussage. Man nennt dieses Stilmittel *parallelismus membrorum*. **jenes Lied, das schon Mose … gesungen hatte.** S. 2 Mo 15,1-18. Der Sieg, der hier besungen wird, ist unvergleichlich viel größer als die damalige Befreiung, die Israel erfahren hatte. **das Lied des Lammes.** Dieses Lied wird in V. 3 und 4 wiedergegeben. Aus der Perspektive der von Gott Geretteten preist es Gott, der treu zu denen stand, die ihm treu blieben und sich den Ansprüchen widergöttlicher Mächte nicht unterwarfen. **du allmächtiger Gott.** Neun Mal wird Gott in der Offenbarung der Allmächtige genannt. Nur einmal wird im übrigen Neuen Testament dieser Titel benutzt (2 Kor 6,18). Gott, der Herr des Kosmos, der ganzen Welt ist zentrales Thema der Offenbarung.

15,4. In den ersten beiden Teilen dieses Verses wird eine rhetorische Frage gestellt. Die letzten drei Zeilen beginnen (im Griechischen) alle mit *deshalb* und bieten drei Gründe, warum es unvorstellbar ist, dass Gott nicht gefürchtet und geehrt wird. **alle Völker werden kommen.** Die Gemeinschaft derer, die dem Lamm folgen, umschließt Menschen aus allen Nationen.

15,5. der Tempel im Himmel … das heilige Zelt. Hier wird der himmlische Tempel beschrieben. Es wird zurückverwiesen auf das „Zelt des Bundes“, das den Israeliten in der Wüste als Heiligtum diente (4 Mo 17,7; 18,2). In ihm wurden die beiden Tafeln der Zehn Gebote aufbewahrt, die Mose vom Berg Sinai herabbrachte (2 Mo 32,15-16; 5 Mo 10,4-5).

15,6. Aus dem Tempel kommen sieben Engel mit sieben Plagen. Damit wird deutlich: Gott selbst ist der Auslöser der nun folgenden Katastrophen.

15,7. Schalen. Breite, flache Trinkschalen. **der in alle Ewigkeit lebt.** Die betonte Formulierung erinnert daran, dass trotz der unbeschreiblichen Übel, die das Tier bewirkt, in Wirklichkeit Gott allein derjenige ist, der ewig lebt und die Oberhand behalten wird.

15,8. der ganze Tempel füllte sich mit Rauch. Wenn Gott im Alten Testament erscheint, wird oft Rauch erwähnt (vgl. 2 Mo 19,18; Jes 6,4). **niemand konnte den Tempel betreten.** Kein Mensch kann die Gegenwart Gottes ertragen (vgl. 2 Mo 40,34-36).

17 Die Schalen mit dem Zorn Gottes

Offenbarung 16,1-21

Einstieg
(15–20 Minuten)
Wählen Sie bitte eine oder zwei Fragen aus.

1. Haben Sie schon einmal eine Naturkatastrophe persönlich erlebt? Was ist Ihnen noch am lebendigsten in Erinnerung?

2. Haben Sie in Ihrem Leben schon einmal den Eindruck gehabt, es treffe Sie eine Strafe Gottes?

3. Warum lassen sich manche Menschen einfach nicht helfen? Kennen Sie das manchmal auch bei sich selbst?

BIBELTEXT

Die sieben Schalen mit dem Zorn Gottes

1 Nun hörte ich aus dem Inneren des Tempels eine mächtige Stimme, die
den sieben Engeln zurief: „Geht und gießt die sieben Schalen mit dem
furchtbaren Zorn Gottes über die Erde aus!“
2 Der erste Engel trat vor und goss seine Schale über das Festland aus.
Da wurden die Menschen, die das Kennzeichen des Tieres trugen und sein
Standbild anbeteten, von einem bösartigen und schmerzhaften Geschwür
befallen.
3 Der zweite Engel goss seine Schale über das Meer aus. Da wurde das
Wasser im Meer zu Blut, das aussah wie das Blut eines Leichnams, und alles
Leben im Meer ging zugrunde.
4 Der dritte Engel goss seine Schale über die Flüsse und über die Quellen
aus. Da wurden auch sie zu Blut.
5 Daraufhin hörte ich den Engel, dem die Gewässer unterstellt waren,
sagen:

„Gerecht bist du, heiliger Gott,
der du bist und der du warst,
und gerecht sind die Strafen, die du verhängt hast!
6 An den Händen dieser Menschen klebt Blut –
das Blut derer, die zu deinem heiligen Volk gehören,
und das Blut der Propheten.
Darum hast du ihnen Blut zu trinken gegeben;
sie haben es nicht anders verdient.“

7 Und vom Altar her hörte ich eine Stimme sagen:

„Ja, Herr, du allmächtiger Gott,
deine Gerichtsurteile sind richtig und gerecht."
8 Der vierte Engel goss seine Schale über die Sonne aus. Da erhielt die
Sonne eine solche Kraft, dass die Menschen von ihrer Glut versengt wur-
den. 9 Die Hitze war so furchtbar, dass ihnen die Haut am Körper verbrannte.
Sie wussten genau, dass Gott in seiner Macht diese Plagen über sie herein-
brechen ließ, aber statt umzukehren und ihm Ehre zu erweisen, verfluchten
sie seinen Namen.
10 Der fünfte Engel goss seine Schale über den Thron des Tieres aus. Da
wurde das ganze Reich des Tieres in Finsternis gehüllt. Die Menschen litten
so unerträgliche Qualen, dass sie sich vor Schmerzen die Zunge zerbissen.
11 Doch auch jetzt bereuten sie nicht, was sie getan hatten, und kehrten
nicht zu Gott um. Nein, wegen ihrer qualvollen Schmerzen und wegen der
Geschwüre, von denen sie geplagt wurden, verfluchten sie den, der im Him-
mel thront, nur umso mehr.
12 Der sechste Engel goss seine Schale über den großen Strom, den Eu-
phrat, aus. Da trocknete der Strom aus, sodass der Weg für die Könige aus
dem Osten und ihre Armeen frei wurde. 13 Ich sah, wie aus dem Maul des
Drachen, aus dem Maul des Tieres und aus dem Maul des falschen Prophe-
ten drei böse Geister herauskamen, die wie Frösche aussahen. 14 Es han-
delte sich um Dämonen, die Aufsehen erregende Wunder vollbrachten. Sie
machten sich zu den Königen der ganzen Erde auf, um sie zusammenzubrin-
gen und ihre Armeen in den Kampf zu führen, der am großen Tag Gottes, des
allmächtigen Herrschers, stattfinden wird.
15 „Vergesst es nicht: Ich komme so unerwartet wie ein Dieb", sagt der
Herr. „Glücklich, wer wach bleibt und seine Kleider anbehält! Dann wird er,
wenn ich komme, nicht nackt dastehen und sich nicht schämen müssen."
16 Jene dämonischen Geister versammelten nun die Könige an dem Ort,
der auf Hebräisch Harmagedon heißt.
17 Der siebte Engel goss seine Schale in die Luft aus. Daraufhin verkün-
dete eine mächtige Stimme, die vom Thron im Tempel kam: „Jetzt ist alles
geschehen!" 18 Blitze zuckten auf, begleitet von Donnergrollen und Don-
nerschlägen, und ein schreckliches Beben erschütterte die Erde. Solange
Menschen auf der Erde leben, hat es noch nie ein Beben von solcher Hef-
tigkeit gegeben. 19 Die große Stadt barst in drei Teile, und überall auf der
Erde sanken die Städte in Trümmer. Die Stunde war gekommen, in der Gott
mit Babylon, der großen Stadt, abrechnete; jetzt wurde ihr der Becher des
Gerichts gereicht, der mit dem Wein seines unerbittlichen Zorns gefüllt war.
20 Sämtliche Inseln versanken im Meer, und auch die Berge verschwanden,
ohne eine Spur zu hinterlassen. 21 Ein furchtbares Hagelwetter entlud sich
über der Erde; zentnerschwer fielen die Eisbrocken vom Himmel auf die
Menschen. Und die Menschen verfluchten Gott wegen des Hagels, denn
diese Plage war noch schrecklicher als alles, was sie bereits erlebt hatten.

Bibelgespräch

(30–40 Minuten) Wählen Sie ggf. unter den Fragen aus.

1. Was ist der Inhalt der einzelnen Schalen des Zornes? Inwiefern sind diese Plagen schlimmer als diejenigen, die den Posaunen folgten (vgl. z. B. 8,8 mit 16,3)? Welches Ziel hatten die verschiedenen Plagen?

2. Welche Absicht verfolgen die unreinen Geister, die die Gestalt von Fröschen haben?

3. Wie treffen die Ziele Gottes und die Satans in Harmagedon aufeinander? Was passiert anschließend (V. 17-21)?

4. Inwiefern konnten diese Texte mit ihrer Fülle von angekündigten Katastrophen für die Christen, für die Johannes schrieb, tröstlich sein? Wirkt der Text auf Sie ebenfalls tröstlich? Oder was löst er in Ihnen aus?

5. Warum wird in der Offenbarung die Auseinandersetzung mit widergöttlichen Mächten meist in der Begrifflichkeit der Kriegsführung beschrieben?

6. Vergleichen Sie die sieben Siegel, Posaunen und Schalen miteinander und mit den zehn Plagen in Ägypten (2 Mo 7–10). Welche Unterschiede finden Sie im Einzelnen? Welche Verbindungen gibt es zwischen den drei Reihen von Plagen?

Austausch

(15–20 Minuten) Wählen Sie ggf. unter den Fragen aus. Sie können das Gespräch mit einem gemeinsamen Gebet abschließen.

1. „Dein Urteil ist richtig und gerecht“ (V. 5.7). Welche Bedeutung hat das Konzept von Schuld/Verschulden und Strafe für Sie – im Blick auf Ihr eigenes Leben? Im Blick auf die Erziehung Ihrer Kinder? Im Blick auf Ihre Vorstellung von Gerechtigkeit?

2. Hat Gott Ihnen auch schon Hilfen zur Umkehr gegeben? Wie leicht fällt es Ihnen, Schuld zuzugeben und von einer Sünde umzukehren?

3. Wo erkennen Sie heute das Wirken „unreiner Geister“ (V. 13)? Lassen Sie sich davon beeinflussen?

4. Versuchen Sie bitte einmal, Ihr gegenwärtiges geistliches Leben mit einer Jahreszeit zu vergleichen. Liegt gerade der Frühling in der Luft, ist alles erstarrt wie im Winter oder erleben Sie einen goldenen, fruchtbaren Herbst?

5. Haben Sie ein Gebetsanliegen, das Sie mitteilen möchten?

16,1-21. Kapitel 16 schildert die Ausgießung der Schalen des Zornes Gottes. Es sind klare Parallelen erkennbar zwischen diesen Plagen und denen, die auf die Posaunen folgten. In jeder Reihe von Plagen wenden sich die ersten vier gegen die Erde, das Meer, das Wasser und die Himmelskörper. Die fünfte Plage beschreibt jeweils große Schmerzen und die sechste Plage bringt Invasionen. Ein großer Unterschied zwischen den sieben Posaunen und den sieben Zornesschalen ist ihre Intensität. Während die Plagen der Posaunen begrenzt sind (in der Regel auf ein Drittel), ergeht Gottes Zorn nun über das Ganze. Ein zweiter Unterschied liegt darin, dass die ersten vier Posaunen das Land betreffen, während die ersten vier Plagen der Zornesschalen direkt die Menschen betreffen.

16,1. aus dem Inneren des Tempels eine mächtige Stimme. Es handelt sich dabei um die Stimme Gottes. Schon 15,8 hat betont, dass niemand den Tempel betreten kann, bevor die Plagen nicht abgeschlossen sind. **die sieben Schalen mit dem furchtbaren Zorn Gottes.** Der Zorn Gottes, der in diesen Plagen zum Ausdruck kommt, ist nicht sein Zorn über die Sünde im Allgemeinen; es ist der Zorn, der sich gezielt gegen den Widersacher Gottes richtet, der durch das Tier und alle, die sich ihm unterwerfen, die Heilspläne Gottes mit der Welt zu vereiteln sucht.

16,2. Die erste Plage trifft die Menschen, die das Zeichen des Tieres tragen. Sie werden mit bösartigen Geschwüren geplagt (s. auch 2 Mo 9,8-11).

16,3. Die zweite Plage verwandelt das Wasser des Meeres in Blut und lässt alle Lebewesen im Meer sterben (vgl. 2 Mo 7,20-21). Dies entspricht der zweiten Posaune.

16,4. Die dritte Plage wirkt in gleicher Weise auf die übrigen Wasserquellen. Danach gibt es kein Trinkwasser mehr. Das entspricht der dritten Posaunenplage (8,10-11).

16,5.6. Mitten hinein in die unnachgiebige Entfaltung der Katastrophen bestätigt ein Engel die Rechtmäßigkeit der Gerichte Gottes.

16,5. Das Lied in diesem Vers erinnert sehr stark an das Lied der siegreichen Märtyrer in 15,3.4. Es macht deutlich, dass die Gerichte Gottes nicht willkürlich, sondern gerecht sind. **Engel, dem die Gewässer unterstellt waren.** Solch ein Engel wird nirgendwo sonst in der Bibel erwähnt. In außerbiblischer Literatur gibt es jedoch Engel, die für verschiedene Bereiche der Natur zuständig sind.

16,6. Es wird noch ein weiterer Grund dafür genannt, warum Gott Wasser in Blut verwandelt. Weil die Verfolger der Christen das Blut der Heiligen vergossen haben, wird ihnen nun Blut zu trinken gegeben.

16,7. vom Altar her hörte ich eine Stimme. Wörtl.: *ich hörte den Altar sagen.* Die Aussage findet sich so nur hier in der Offenbarung. In 6,9 kommen Stimmen von unterhalb des Altars, in 9,13 kommt eine Stimme von den Hörnern des Altars.

16,8.9. Die vierte Plage trifft die Sonne, deren Kraft sich verstärkt und die Menschen versengt. Die vierte Posaune hatte Sonne, Mond und Sterne beeinflusst, aber den entgegengesetzten Effekt erzielt (Dunkelheit und nicht verstärktes Licht). **Sie wussten genau.** Die Menschen erkennen, dass Gott Urheber des Geschehens ist. **statt umzukehren ... verfluchten sie seinen Namen.** Selbst noch mitten im Gericht gibt es eine Möglichkeit zur Umkehr. Aber die Menschen wollen nicht zu Gott umkehren. Wie beim Pharao, der sich trotz der Plagen nicht ändern wollte, sind ihre Herzen hart.

16,10.11. Die fünfte Plage richtet sich direkt gegen das Zentrum des Übels. Sie greift den Thron des Tieres an und taucht sein Königreich in Finsternis. Die Finsternis erinnert an die neunte Plage in Ägypten (2 Mo 10,21-29). **dass sie sich vor Schmerzen die Zunge zerbissen.** Die Menschen haben kein Trinkwasser, denn die Flüsse und Quellen wurden in Blut verwandelt. Ihr Schmerz rührt vermutlich von der brennenden Sonne her. **Geschwüre.** Die Wirkungen der einzelnen Plagen verstärken sich gegenseitig.

16,12-16. Die sechste Plage trocknet den großen Fluss Euphrat aus. Da er nicht länger eine natürliche Grenze bildet, droht nun eine feindliche Invasion. Die sechste Posaune stand ebenfalls in Zusammenhang mit dem Fluss Euphrat. Die sechste Schale unterscheidet sich von den anderen dadurch, dass sie den Menschen nicht unmittelbar Leid zufügt. Allerdings ermöglicht sie den Krieg.

16,12. Könige aus dem Osten. Wer damit genau gemeint sein könnte, bleibt im Dunkeln.

16,13.14. Manche sehen in diesen Versen einen kurzen Einschub ähnlich dem zwischen dem sechsten und siebten Siegel oder der sechsten und siebten Posaune. Andere sehen in den Versen eine weitere Erörterung der sechsten Plage, da das fünfte und sechste Ereignis in den vorherigen beiden Reihen von Katastrophen ebenfalls ausführlicher beschrieben wurde. In jedem Fall wird hier die Quelle der Wundermacht der beiden Tiere erklärt.

16,13. Frösche. In der zweiten Plage in Ägypten wird das Land durch eine unübersehbare Masse von Fröschen bedroht (2 Mo 8,1-10). **falschen Propheten.** Diese Bezeichnung verweist auf das zweite Tier in 13,11-17. Sowohl Jesus als auch Paulus warnten vor falschen Propheten, die in den letzten Tagen auftreten und versuchen werden, die Menschen in die Irre zu führen (z. B. Mt 24,24; 2 Thess 2,9-10).

16,14. Dämonen. Die Frösche werden als Dämonen bezeichnet. In der sechsten Posaunenplage werden dämonische Heuschrecken auf die Erde losgelassen. Ihre Verführungskunst und Täuschung besteht darin, dass sie die Menschen dazu bewegen wollen, dem Tier zu folgen und in der großen Entscheidungsschlacht auf seiner Seite zu kämpfen, statt die Wahrheit zu erkennen und auf der Seite der Wahrheit zu stehen.

16,15. Die hier etwas unvermittelt erscheinende Warnung vergegenwärtigt die früheren Worte Jesu (Mt 24,42-44; vgl. 1 Thess 5,2; 2 Petr 3,10; Offb 3,3) und zeigt an, dass der bevorstehende große Kampf noch nicht das letzte Wort in der Menschheitsgeschichte sein wird. Die Wiederkunft Jesu wird den Wendepunkt bringen und ein neues Zeitalter einleiten. Diese Perspektive kann ihnen helfen in den bevorstehenden schwierigen Zeiten durchzuhalten. **glücklich, wer.** Die dritte der sieben Seligpreisungen der Offenbarung (vgl. Offb 14,13).

16,16. Der Bericht über die sechste Schale geht weiter. Die dämonischen Geister versammeln die Könige für die Schlacht, die in 19,11-21 beschrieben wird. Die große Auseinandersetzung zwischen Gott und Satan, Christus und dem Antichristen, zwischen Gut und Böse wird am Ende zum letzten Kampf führen, aus dem Gott siegreich hervorgehen wird. Die Vorstellung einer letzten, großen Schlacht zwischen dem Volk Gottes und gottfeindlichen Mächten wird durch die Bibel hindurch immer wieder erwähnt (vgl. Ps 2,2-3; Jes 5,26-30; Jer 6,1-5; Hes 38; Joel 4,1-16). **Harmagedon.** Im Hebräischen bedeutet dieses Wort eigentlich *von Megiddo*. Allerdings ist Megiddo in Palästina eine Ebene, die sich vom See Genezareth bis zum Mittelmeer erstreckt. Es ist deshalb nicht klar, worum es sich hier handelt. Die Ebene Megiddo war Schauplatz vieler Schlachten in der Geschichte Israels (vgl. Ri 5,19; 2 Kön 9,27; 23,29; 2 Chr 35,22), weil sie ein Knotenpunkt mehrerer Handelsstraßen war. Wer sie beherrschte, besaß einen großen wirtschaftlichen Vorteil.

16,17-21. Die siebte und letzte Plage bringt die Niederwerfung Babylons. Dies war bereits in 14,8 angekündigt und wird in Kap. 17 und 18 im Einzelnen beschrieben.

16,17. Jetzt ist alles geschehen. Der Zorn Gottes ist ausgeschüttet. Das Ende steht unmittelbar bevor.

16,19. Die Stadt des Tieres ist überwunden, so wie die Städte derer, die sich dem Tier angeschlossen haben. **die Stunde ... in der Gott mit**

Babylon abrechnete. In der kurzen Regierungszeit des Antichristen konnte es scheinen, dass Gott die Stadt und sein Volk, das dort lebte, vergessen habe. Aber das ist nicht der Fall. Es ging vielmehr um geduldiges Ausharren. Nun aber wird Babylon bestraft. **der Becher des Gerichts ... der Wein seines unerbittlichen Zornes.** Wörtl.: *den Kelch mit dem Wein des grimmigen Zornes trinken.* Babylon hatte die Völker veranlasst, vom Kelch seiner Unmoral zu trinken, und sie wurden reich dadurch (18,3). Nun wird Babylon selbst gezwungen, aus einem anderen Kelch zu trinken – dem Kelch des Zornes Gottes (14,8.10).

18 Babylon – die große Hure

Offenbarung 17,1-18

Einstieg
(15–20 Minuten)
Wählen Sie bitte eine oder zwei Fragen aus.

1. Mit welcher Berühmtheit unserer Tage würden Sie nicht tauschen wollen? Warum nicht?

2. Wofür würden Sie selbst gerne berühmt werden?

3. Welcher Wahlspruch würde Ihr momentanes Leben treffend kennzeichnen?

BIBELTEXT

Die große Hure und das Tier mit den sieben Köpfen und den zehn Hörnern

1 Einer von den sieben Engeln mit den sieben Schalen trat zu mir und sagte:
„Komm, ich will dir zeigen, wie Gott die große Hure richten wird, deren Ein-
fluss so weit reicht wie die vielen Wasserläufe, an denen sie thront, 2 die
Hure, deren Liebhaber die Mächtigen der ganzen Erde waren und die mit
dem Wein ihrer Unmoral die ganze Menschheit betrunken gemacht hat."

3 Daraufhin nahm der Geist Gottes Besitz von mir, und ich sah mich vom
Engel in eine Wüste versetzt. Dort sah ich eine Frau, die auf einem scharlach-
roten Tier saß. Das Tier hatte sieben Köpfe und zehn Hörner und war über und
über mit Namen bedeckt, mit denen Gott verhöhnt wurde. 4 Die Frau selbst
war in Purpur und scharlachrote Seide gekleidet, und alles an ihr glitzerte von
Gold, Edelsteinen und Perlen. Sie hielt einen goldenen Becher in der Hand,
der überquoll von den Abscheulichkeiten ihrer Götzenverehrung und vom
widerlichen Schmutz ihrer Unmoral. 5 Ein geheimnisvoller Name stand auf
ihrer Stirn: „Babylon die Mächtige, die Mutter aller Hurer und die Urhebe-
rin aller Abscheulichkeiten auf der Erde." 6 Ich sah, dass die Frau betrun-
ken war, berauscht vom Blut derer, die zu Gottes heiligem Volk gehörten
und wegen ihres Bekenntnisses zu Jesus umgebracht worden waren.

Mich schauderte vor Entsetzen, als ich die Frau sah. 7 Aber der Engel
sagte zu mir: „Warum bist du so entsetzt? Ich werde dir erklären, welches
Geheimnis sich hinter dieser Frau verbirgt – hinter ihr und dem Tier mit den
sieben Köpfen und den zehn Hörnern, auf dem sie sitzt. 8 Das Tier, das du
gesehen hast, war schon einmal da, und obwohl es jetzt nicht mehr da ist,
wird es wieder aus dem Abgrund heraufsteigen, doch nur, um dann end-
gültig ins Verderben zu gehen. Alle Bewohner der Erde – alle außer denen,

deren Namen seit der Erschaffung der Welt im Buch des Lebens eingetragen
sind – werden fassungslos sein vor Staunen, wenn sie das Tier wiederkom-
men sehen, das schon einmal da war und gegenwärtig nicht da ist.
9 Hier ist Verstand nötig; hier braucht es Weisheit von Gott. Die sieben
Köpfe des Tieres sind sieben Hügel; auf diesen thront die Frau. Gleichzeitig
stehen die sieben Köpfe für sieben Könige, 10 von denen fünf schon gestürzt
sind und einer jetzt an der Macht ist. Der letzte dieser sieben Könige ist
noch nicht gekommen, aber wenn er kommt, wird seine Herrschaft – so ist
es ihm bestimmt – nur von kurzer Dauer sein. 11 Das Tier, das schon einmal
da war und jetzt nicht mehr da ist, ist ein achter König und zugleich einer
der sieben, und er geht seinem Verderben entgegen.
12 Die zehn Hörner, die du gesehen hast, sind zehn Könige, die ihre Herr-
schaft noch nicht angetreten haben. Doch an der Seite des Tieres werden
sie für eine Stunde zu königlicher Macht aufsteigen. 13 Diese zehn verfolgen
alle dasselbe Ziel und stellen ihre ganze Kraft und Macht in den Dienst des
Tieres. 14 Gemeinsam werden sie gegen das Lamm in den Kampf ziehen.
Aber das Lamm wird sie besiegen, denn es ist Herr über alle Herren und Kö-
nig über alle Könige; und mit ihm siegen werden alle, die bei ihm sind – die
von Gott Berufenen und Auserwählten, die treuen Mitstreiter des Lammes."
15 „Die Wasserläufe, an denen du die Hure hast thronen sehen", erklärte
mir der Engel weiter, „sind ein Bild für Völker und Menschenscharen, ein
Bild für Menschen aller Sprachen und Kulturen.
16 Die zehn Hörner, die du gesehen hast, – also die zehn Könige – werden
sich zusammen mit dem Tier gegen die Hure wenden. In ihrem Hass auf
sie werden sie ihr alles rauben, sodass sie nackt und mit leeren Händen
dasteht. Zuletzt werden sie ihr Fleisch fressen und das, was von ihr übrig
bleibt, verbrennen. 17 Gott selbst hat ihnen den Gedanken eingegeben, mit
dem Tier gemeinsame Sache zu machen und diesem ihre ganze Macht zur
Verfügung zu stellen, um gegen die Hure zu kämpfen. Denn damit führen
sie den Plan Gottes aus, bis alles geschehen ist, was er angekündigt hat.
18 Und die Frau, die du gesehen hast, ist die große Stadt, die über alle
Könige der Erde regiert."

Bibelgespräch

(30–40 Minuten)
Wählen Sie ggf. unter den Fragen aus.

1. Wer ist die beschriebene Frau (vgl. auch 14,8; 16,19)? Worin ähneln sich die Frau und das erste und zweite Tier aus Kap. 13?

2. Worin besteht hier die eigentliche Sünde?

3. Was sagt der Engel über den Ursprung des Tieres, seine Geschichte, seine Zukunft?

4. Wofür stehen wohl die sieben Häupter und zehn Hörner des Tieres (vgl. Dan 7,15-28)? Warum vereinen die Könige und das Tier ihre Kräfte?

5. Welches der verschiedenen Symbole tröstete wohl die ursprünglichen Leser der Offenbarung?

Austausch

(15–20 Minuten) Wählen Sie ggf. unter den Fragen aus. Sie können das Gespräch mit einem gemeinsamen Gebet abschließen.

1. Wo symbolisiert Babylon, was auch in unserer Gesellschaft nicht in Ordnung ist? Welche Institutionen, Regierungen etc. haben sich gottlosen Gedanken und Ideologien verschrieben?

2. Welche problematischen gesellschaftlichen Haltungen oder Einflüsse können auch Sie in ihren Bann ziehen?

3. Glauben Sie, dass auch das Böse letztlich in Gottes Plan eingeordnet ist und ihm untersteht?

4. Wo brauchen Sie die „Weisheit“ von Gott (V. 9)?

5. Was hat das bisherige Studium der Offenbarung in erster Linie bei Ihnen bewirkt? Furcht, Hoffnung, Ratlosigkeit ...?

6. Wie gut haben Sie die Stimme Gottes in dieser Woche gehört? Welche Erwartungen haben Sie diesbezüglich? Sind Ihnen diese Treffen eine Hilfe, Gottes Stimme zu hören?

7. Möchten Sie ein Gebetsanliegen für die nächste Zeit nennen?

ERLÄUTERUNGEN

Kap. 17 – 22. Das Ende steht nun unmittelbar bevor. In den letzten Kapiteln seines Buches beschreibt Johannes, wie das Tier und seine Herrschaft besiegt wird (Kap. 17 und 18). Sein Buch endet dann mit dem Blick auf die Wiederkunft Jesu und die Aufrichtung des neuen Himmels und der neuen Erde (Kap. 19 – 22).

17,1 – 21,8. Das Buch der Offenbarung gliedert sich in vier große Visionszyklen. Die erste ist die Vision von Christus und seiner Briefe an die sieben Gemeinden (1,9-3,22). Die zweite ist die Vision der sieben Siegel, der sieben Posaunen und der sieben Schalen (4,1-16,21). In 17,1 – 21,8 wird die dritte Vision beschrieben. Sie besteht aus drei Teilen: dem Geheimnis Babylons und seiner Auslegung (17,1-18), dem Gericht über Babylon (18,1-19,5) und dem schließlichen Sieg und der Vollendung von Gottes Heilsplan (19,6 – 21,8).

17,1. Zum dritten Mal wird Johannes aufgefordert, eine Vision zu empfangen (vgl. 1,9-11; 4,1.2

und später in 21,9.10). **wie die vielen Wasserläufe, an denen sie thront.** Die historische Stadt Babylon war von vielen Kanälen durchzogen (Jer 51,13). Johannes versteht die Bedeutung des Ausdrucks „viele Wasser" in 17,15 wahrscheinlich auch als ein Bild für die Völker aller Rassen, Nationen und Sprachen. Das Babylon des 1. Jahrhunderts ist für Johannes und die frühchristlichen Gemeinden Rom. Das Wesen apokalyptischer Schriften ist hier wieder klar zu erkennen: Vergangenheit, Gegenwart und Zukunft sind in einem einzigen Symbol ineinander verschränkt.

17,2. die Hure, deren Liebhaber die Mächtigen der ganzen Erde waren. Wörtl.: *haben mit ihr Unzucht getrieben.* S. Erklärungen zu Offb 14,4 (vgl. auch Jes 23,16.17; Jer 51,7; Nah 3,4). Der drastische Ausdruck beschreibt den zerstörerischen Einfluss Babylons, das die Völker dazu verführt, alle moralischen Werte für Reichtum und Luxus aufzugeben (vgl. Jes 23,16-17; Jer 51,7; Nah 3,4). **die ganze Menschheit betrunken gemacht.** Die Völker, die ihren Herrschern folgen und an diesen Ausschweifungen teilnehmen.

17,3. eine Frau ... auf einem scharlachroten Tier. Die Frau als Verkörperung der gottlosen Stadt ist ein Gegenbild zu der Frau in der Wüste, die für die treue Gemeinde Gottes steht (Kap. 12). Das Tier, das sie reitet, ist dasselbe wie in Offb 13,1: der Antichrist.

17,4. Purpur und scharlachrote Seide. Die hohen Kosten für die benötigten Farbstoffe machten eine solche Kleidung sehr teuer. Nur Reiche konnten sich so einkleiden. **glitzerte von Gold, Edelsteinen und Perlen.** Die Frau ist ausgesprochen luxuriös gekleidet. **goldenen Becher.** Man würde annehmen, dass ein edles Gefäß auch mit einem edlen Getränk gefüllt ist. **Abscheulichkeiten ... widerlichen Schmutz ihrer Bosheit.** Stattdessen enthält das Gefäß Fauliges und Abscheuliches (vgl. Jer 51,7).

17,5. Auf ihrer Stirn. In Rom trugen Prostituierte ein Stirnband mit dem Namen ihres Besitzers. **Mutter aller Hurer und Urheberin aller Abscheulichkeiten.** Die Namensgebung charakterisiert sie als eine, die mit ihrer Verdorbenheit alles um sich herum angesteckt hat.

17,6. Die gottfeindlichen Kräfte verfolgen und töten die Christen (Offb 13,7.15). In den Tagen des Johannes waren in Rom bereits viele Christen getötet worden, aber die Verfolgung wird sich noch steigern. Die wahre Natur des Tieres wird in dieser Beschreibung erkennbar.

17,7-18. Der Engel gibt dem Seher eine Deutung dessen, was er gesehen hat.

17,8. Das Tier ... war schon einmal da ... jetzt nicht mehr da ... wird wieder ... heraufsteigen. Eine Beschreibung, die den Weg des Lammes karikiert. Vgl. 1,18; 2,8. Das Tier hatte an einem seiner Häupter eine tödliche Wunde empfangen. Aber es wird weiterleben, wenn die Wunde geheilt ist. Die Heilung des Hauptes ist eine Manifestation satanischer Macht, die alles übersteigt, was bis dahin geschehen ist. Jedoch wird dieses letzte Aufbäumen des Tieres nur von kurzer Dauer sein. **endgültig ins Verderben ... gehen.** Wörtl.: *in die Hölle.* Ein Zustand dauernden Verweilens in einer Fehlhaltung, die man im Leben angenommen hat (vgl. Mt 7,13).

17,9. sieben Hügel. Viele Ausleger sehen darin einen deutlichen Hinweis auf Rom (die Stadt, die auf sieben Hügeln erbaut wurde), die Weltmacht, die das Tier symbolisiert. Auch die Leser des Johannes werden Rom vor Augen gehabt haben, wenn sie diese Zeilen lasen. Allerdings geht die Beschreibung über eine einzelne historische Stadt hinaus. Die unheilvollen Mechanismen, die von dieser Frau verkörpert werden, sind überall mehr oder weniger wirksam.

17,10. sieben Könige. Die Identität dieser Könige ist umstritten, da sie nicht einfach mit der historischen Abfolge römischer Herrscher in Einklang gebracht werden können. Man kann die Zahl Sieben (wie oft in der Offenbarung) auch als Hinweis auf die Gesamtzahl der Herrschermächte beziehen, sodass die sieben Könige für die Abfolge aller Königreiche steht. Der Hauptgedanke jedoch ist, dass diese Macht nun zu einem Ende kommt.

17,11. Der achte König ist der Antichrist (vgl. Dan 7,24). Der schwierige Vers hat eine vielschichtige Symbolik. Einige Ausleger vermuten, dass der siebte König mit seiner kurzen Regierungszeit ein zweites Mal als achter König erscheint. Er ist eine besonders schreckliche Verkörperung des Tieres.

17,12. Die zehn Hörner werden mit zehn Königen gleichgesetzt (vgl. Dan 7,7.24). Es wurden viele Vorschläge zur Bestimmung dieser Könige gemacht. Höchstwahrscheinlich sind sie Gestalten der letzten Zeit, die die Gesamtheit der Macht aller Nationen auf Erden repräsentieren, die dem Antichristen unterworfen werden.

17,13. Sie sind dem Tier völlig ergeben und verfolgen seine Ziele.

17,14. S. Offb 19,11-21 (vgl. Erklärung zu 16,16). **Herr über alle Herren, König über alle Könige.** Diese Beschreibung deutet den Ausgang der Schlacht bereits an (vgl. 5 Mo 10,17; Ps 136,2-3; Dan 2,47; Offb 19,16).

17,15. Die Hure wird beschrieben als die Stadt, die über viele Nationen regiert (vgl. Erläuterung zu 17,1). **Wasserläufe, die du gesehen hast.** Babylon lag am Euphratstrom und war von einem System von Kanälen und Wasserwegen durchzogen. **Völker aller Rassen, Nationen und Sprachen.** Die Wasser sind ein Bild, um zu beschreiben, wie alle Nationen in die Stadt Babylon einfließen und von ihr beherrscht werden.

17,16. Johannes beschreibt hier, wie Babylon zerstört wird. Die Hure bezieht ihre Macht vom Tier (17,3) und unterstützt im Gegenzug das Tier (17,13). Das Tier wendet sich jedoch zusammen mit den zehn Königen gegen die Hure und zerstört sie in äußerst boshafter Weise (vgl. Dan 7,24; Hes 23,35). Ein Grund dafür wird nicht genannt. **in ihrem Hass auf sie.** Sie zollen ihr keine Liebe dafür, was sie für sie getan hat. **sodass sie nackt und mit leeren Händen dasteht.** All ihre edlen Gewänder und Edelsteine werden ihr genommen (17,4). Die Schilderung erscheint als Bild für die schließlich unvermeidliche Selbstzerstörung des Bösen.

17,17. Die überraschende Wende erklärt Johannes damit, dass selbst in der scheinbaren Autonomie des Bösen, das sich untereinander zerfleischt, Gottes Wille ans Ziel kommt.

17,18. Das große Babylon, die Quelle weltweiter Unzucht und Abscheulichkeit (V. 5), ist mehr als das Rom des 1. Jahrhunderts. Jede große Macht, die durch ihren Reichtum und ihren Einfluss andere und sich selbst zerstört, verkörpert den Geist des antiken Babylons. Die Worte des Johannes reichen über ihre damalige Erfüllung in der Geschichte hinaus und zeichnen das Porträt eines Babylons der letzten Zeit, das die gesellschaftliche, religiöse und politische Basis für den letzten Versuch des Antichristen bieten wird, sein Königreich aufzubauen.

Das Ende Babylons

19

Offenbarung 18,1-24

1. Auf welchen Gegenstand in Ihrem Besitz könnten Sie am wenigsten verzichten?

2. Was empfinden Sie als reizvoll oder auch als abstoßend am Leben in einer Großstadt?

3. Haben Sie schon einmal das Bedürfnis verspürt, sich an jemandem gründlich zu rächen?

Einstieg

(15–20 Minuten) Wählen Sie bitte eine oder zwei Fragen aus.

Der Untergang Babylons

BIBELTEXT

1 Danach sah ich einen Engel, der vom Himmel herabkam. Er war mit großer
Vollmacht ausgestattet, und die Erde wurde vom Glanz seiner Herrlichkeit
erleuchtet. 2 Mit gewaltiger Stimme rief er: „Sie ist gefallen! Gefallen ist
die mächtige Stadt Babylon! Sie ist zu einer Behausung der Dämonen geworden, zum Tummelplatz von bösen Geistern aller Art, zum Nistplatz aller
unreinen Vögel und zum Schlupfwinkel für alles unreine und Abscheu erregende Getier. 3 Denn alle Völker haben vom Wein ihrer Unmoral getrunken
und damit den furchtbaren Zorn Gottes über sich gebracht. Die Mächtigen der ganzen Erde waren ihre Liebhaber, und die maßlose Verschwendungssucht dieser Hure brachte dem Handel einen solchen Aufschwung, dass die Geschäftsleute in aller Welt dadurch reich wurden."
4 Dann hörte ich, wie aus dem Himmel eine andere Stimme rief: „Mein Volk,
geh hinaus aus Babylon! Verlass die Stadt, damit du nicht in ihre Sünden verstrickt wirst und damit die Plagen, die über sie hereinbrechen, nicht
auch dich treffen. 5 Denn ihre Sünden haben sich aufgetürmt bis an den
Himmel, und jetzt zieht Gott sie für alles Unrecht, das sie begangen hat, zur Verantwortung."
6 „Handelt an ihr, wie sie selbst gehandelt hat!
Zahlt ihr doppelt zurück, was sie anderen angetan hat.
Mischt in dem Becher, in dem sie den Trank für andere mischte,
einen doppelt so starken Trank für sie.
7 So maßlos sie sich in ihrem eigenen Glanz sonnte und im Luxus schwelgte,
so uneingeschränkt lasst sie jetzt Leid und Qual erfahren."
„Selbstbewusst sagt sie sich: ‚Ich bin doch eine Königin und nicht eine schutzlose Witwe, und ich sitze sicher auf meinem Thron. Nie und nimmer

wird mich ein Leid treffen!‘ 8 Aber gerade deshalb werden von einem Tag auf
den anderen sämtliche Plagen über sie hereinbrechen, die ihr bestimmt sind;
sie wird Todesnöte, Leid und Hunger durchmachen und schließlich im Feuer
umkommen. Denn Gott, der Herr, der das Gericht an ihr vollstreckt, ist ein star-
ker Gott.

9 Wenn dann die Mächtigen dieser Erde, die ihre Liebhaber gewesen sind
und das ausschweifende Leben mit ihr in vollen Zügen genossen haben,
den Rauch sehen, der von der brennenden Stadt aufsteigt, werden sie laut
klagen und um sie weinen. 10 Doch werden sie in weiter Ferne stehen blei-
ben, so sehr erschreckt sie der Anblick ihres qualvollen Endes. ‚Was für ein
Unglück!‘, werden sie rufen. ‚Was für ein Unglück! Babylon, du große, du
mächtige Stadt! Von einer Stunde auf die andere ist das Gericht über dich
hereingebrochen!‘

11 Auch die Geschäftsleute in aller Welt werden um sie weinen und trau-
ern, weil ihnen niemand mehr ihre Waren abkauft: 12 das Gold und das Sil-
ber, die Edelsteine und die Perlen, die Gewänder aus feinem Leinen und aus
Seide, die purpurfarbenen und scharlachroten Stoffe, das Sandelholz, die
Schnitzereien aus Elfenbein, die Gegenstände aus Edelholz, aus Bronze,
Eisen und Marmor, 13 den Zimt und das Kardamon-Gewürz, die Duftstoffe,
das Salböl und den Weihrauch, den Wein und das Olivenöl, das Feinmehl
und den Weizen, die Rinder und Schafe, die Pferde und Wagen; und auch
aller Menschenhandel hat dann ein Ende. 14 ‚Nichts ist dir geblieben von
den erlesenen Früchten, die du so sehr liebtest. Dahin ist all deine Pracht
und all dein Prunk, und nichts davon wird jemals wiederkehren.‘

15 So werden die Geschäftsleute jammern, die mit all diesen Waren Han-
del trieben und Babylon ihren Wohlstand verdankten. Von Angst gepackt,
bleiben auch sie beim Anblick ihres qualvollen Endes in weiter Ferne ste-
hen, laut weinend vor Schmerz und Trauer. 16 ‚Was für ein Unglück!‘, werden
sie rufen. ‚Was für ein Unglück! Diese großartige Stadt! Wie eine reiche Frau
war sie in feines Leinen gekleidet, in Purpur und scharlachrote Seide, über
und über geschmückt mit Gold, Edelsteinen und Perlen. 17 Und jetzt, von
einer Stunde auf die andere, ist dieser ganze Reichtum dahin!‘“

Auch alle Kapitäne und alle Handelsreisenden, die Matrosen und alle an-
deren, die auf See ihren Unterhalt verdienen, machten mit ihren Schiffen in
weiter Ferne halt, 18 als sie den Rauch sahen, der von der brennenden Stadt
aufstieg. „Wie einzigartig war sie doch, die große Stadt!“, riefen sie 19 und
brachen in lautes Weinen aus, wobei sie sich zum Zeichen der Trauer Staub
auf den Kopf warfen. „Was für ein Unglück!“, klagten sie. „Was für ein Un-
glück! Diese große Stadt! Alle, deren Schiffe die Meere kreuzen und die mit
ihr Handel trieben, hat sie mit ihren Reichtümern zu Wohlstand gebracht.
Und jetzt ist sie von einer Stunde auf die andere zerstört worden!“

20 „Jauchzt über ihren Untergang, alle, die ihr im Himmel wohnt!
Freut euch, die ihr zu Gottes heiligem Volk gehört;
freut euch, ihr Apostel und ihr Propheten!

Denn Gott hat sie für das, was sie euch angetan hat, zur Rechenschaft
gezogen."
21 Nun hob ein mächtiger Engel einen Stein hoch, der so schwer war wie
ein riesiger Mühlstein, schleuderte ihn ins Meer und rief: „Genauso wird
es Babylon ergehen, der großen Stadt! Mit aller Wucht wird sie in die Tiefe
geschleudert werden, und nichts wird von ihr übrig bleiben. 22 Weder Har-
fenklänge noch Gesang, weder Flötenspiel noch Trompetenschall werden je
wieder in deinen Mauern zu hören sein, Babylon. Kein einziger Handwerker
wird je wieder sein Handwerk in dir ausüben. Nie wird man deine Mühlen
wieder mahlen hören. 23 Das Licht deiner Lampen ist für immer erloschen
und der Jubel von Bräutigam und Braut für immer verstummt.

So wird es dir ergehen, Babylon, weil deine Geschäftsleute auf der ganzen Erde als die großen Herren auftraten und weil du mit deinem verführerischen Zauber alle Völker irregeleitet hast.

24 Ja, so wird es der Hure Babylon ergehen, weil an ihren Händen Blut
klebt – das Blut der Propheten, das Blut derer, die zu Gottes heiligem Volk
gehören, und überhaupt das Blut aller, die je irgendwo auf der Erde umge-
bracht wurden."

Bibelgespräch

(30–40 Minuten)
Wählen Sie ggf. unter den Fragen aus.

1. Wie würden Sie die Botschaft dieses Textes in einem Satz zusammenfassen?

2. Zwei Stimmen erklingen in diesem Text (V. 2.3 und V. 4-8). Wem gelten sie und welche Botschaft verkünden sie?

3. Wie unterscheidet sich Gottes Sicht von Babylon (V. 2-6) vom Selbstverständnis der Stadt (V. 7)?

4. Warum verurteilt Gott die Stadt Babylon so hart (V. 20.24)? Wie werden Menschen, die an Gott glauben, heute von der Welt behandelt?

5. Was ist der Grund für die Klagelieder (V. 9-19), was das Motiv des Lobgesangs (V. 20) in diesem Abschnitt?

6. Welches Bild von Gott vermittelt dieses Kapitel?

Austausch

(15–20 Minuten) Wählen Sie ggf. unter den Fragen aus. Sie können das Gespräch mit einem gemeinsamen Gebet abschließen.

1. Ist Auflehnung gegen das, was einem widerfährt, generell Sünde?
2. Haben Sie schon einmal etwas (Materielles oder Ideelles) für einen hohen Preis erworben und sehr geschätzt? Wann kann daraus eine Gefahr für die Nachfolge Christi erwachsen?
3. Ist schon einmal ein wichtiger Teil Ihres Lebens zusammengebrochen? Wie haben Sie für diese Situation eine neue Perspektive bekommen?
4. Empfinden Sie das Wissen, dass andere für Sie beten, als eine Hilfe?
5. Würden Sie gerne ein Gebetsanliegen für die nächste Woche weitergeben?

ERLÄUTERUNGEN

18,1 – 19,5. In diesem Abschnitt kann man deutlich die Haltung des Johannes gegenüber dem endzeitlichen Babylon und dem Rom des 1. Jahrhunderts erkennen. Die durchgängige Ablehnung Roms, die sich hier findet, steht im Gegensatz zur eher milden Position, die in der Kirche nur Jahrzehnte zuvor eingenommen wurde (vgl. Röm 13,1-7). Rom und seine Haltung der Gemeinde Jesu gegenüber hatten sich in den dazwischenliegenden Jahren grundlegend geändert. Anfänglich hatte Rom Maßnahmen zum Schutz des neuen Glaubens in die Wege geleitet, den man als eine Absplitterung des Judentums (einer anerkannten Religion) wertete. Das änderte sich aber unter Kaiser Nero, der die Christen zum Sündenbock für den großen Brand Roms machte. Durch den danach einsetzenden Kaiserkult, in dem sich der Kaiser als Gott verehren ließ, wurde die Auseinandersetzung zwischen römischer Staatsgewalt und christlicher Gemeinde immer heftiger. In den verheerenden Verfolgungen unter Domitian erreichte der Konflikt einen traurigen Höhepunkt. Dennoch will Johannes keine Verhaltensmaßregeln für den Umgang mit der römischen Staatsmacht geben, sondern er beschreibt in prophetischer Weise den endgültigen Zusammenbruch der antichristlichen Weltordnung, die es sich zur Aufgabe gesetzt hat, Gottes Ziele in der Geschichte zu verhindern und zunichtezumachen.

18,2. Die Art, wie hier der Fall Babylons beschrieben wird, gleicht den Beschreibungen, die im Alten Testament vom Untergang Babylons, Edoms und Ninives sprechen (Jes 13,19-22; 34,11-15; Zef 3,13-15). **Gefallen ist Babylon, die große Stadt!** Vgl. Offb 14,8 und Jes 21,9.

18,3. Der Grund für den Fall Babylons liegt darin, dass es die Völker der Erde verdorben hat. **vom Wein ihrer Unmoral getrunken** Wörtl.: *Ehebruch begehen.* Ehebruch ist ein Bild, das im Alten Testament die religiöse Untreue Israels beschreibt (Jes 1,21; Jer 2,20-37; 3,1; Hes 16,15; Hos 2,4; 4,15). Babylon hat die Völker mit Reichtum und Luxus geködert und verführt, dem Tier nachzufolgen.

18,4.5. Mein Volk, geh hinaus ... Die Gemeinde wird vor der verführerischen Macht Babylons gewarnt und zu einem radikalen Bruch mit ihren Machenschaften, zur Flucht, aufgefordert, um nicht in den Untergang der Stadt mit hineingezogen zu werden (vgl. Jes 48,20; Jer 51,45).

18,6. zahlt ihr doppelt zurück ... Freundlichkeit, Sanftmut und die Liebe zu den Feinden sind einige der deutlichsten Kennzeichen eines Jüngers Jesu (Mt 5,43). Der Christ soll die segnen, die ihn verfolgen, und nicht Böses mit Bösem vergelten (Röm 12,14.17). Damit ist jedoch eine letztgültige, von Gott herbeigeführte Rehabilitation nicht ausgeschlossen oder durchgestrichen. Der Christ verzichtet darauf, eine Gerechtigkeit nach eigenen Maßstäben und nach dem Maßstab der Vergeltung durchzusetzen. Röm 12,19: „Liebe Freunde, verschafft euch nicht selbst Recht. Überlasst vielmehr Gott das Urteil, denn er hat ja in der Heiligen Schrift gesagt: ‚Es ist allein meine Sache, euch zu rächen. Ich, der Herr, werde ihnen alles vergelten.'" Das Thema des vergeltenden Handelns Gottes, der jede Form von „Heimzahlung" für Unrecht sich selbst vorbehält, zieht sich durch die ganze Bibel hindurch (vgl. 5 Mo 32,35; Jer 50,15.29; 51,24ff.; Röm 12,19; 1 Thess 5,15; 1 Petr 3,9).

18,7. Ich bin doch eine Königin. Babylons Fehler ist nicht die Arroganz, sondern der unerschütterliche Glaube an ihre unerschöpflichen Fähigkeiten, der in keiner Weise Gespür für den eigenen tiefen Mangel zeigt (vgl. 3,17). **und nicht eine schutzlose Witwe, und ich sitze sicher auf meinem Thron.** Babylon ist sich der eigenen Macht und Unbesiegbarkeit sicher; es leugnet, dass auch seine Armeen in einer Schlacht unterliegen könnten. Babylons Selbstbetrug wird ein jähes Ende finden.

18,9-19. Es folgt ein großes Klagelied über die Zerstörung der stolzen Stadt. Könige, Händler und Seefahrer stimmen in die Klage ein. Es sind Menschen, die von ihrer Beziehung zum Machtzentrum der Gottlosigkeit profitierten. Sie beklagen aber nicht eigentlich das Schicksal der Stadt, sondern den Verlust der eigenen Macht und des Gewinns.

18,9. die Mächtigen dieser Erde. Dies sind nicht die zehn Könige aus Offb 17,12-14, die dem Tier loyal folgten und zusammen mit ihm Krieg gegen das Lamm führten. Vielmehr repräsentieren sie die Nationen der Erde. **Rauch ... von der brennenden Stadt.** Die Zerstörung der Stadt durch das Tier und die zehn Könige (Offb 17,16) geschieht im Einklang mit den Absichten Gottes (Offb 17,17).

18,12.13. Die genannten Handelswaren vermitteln einen Eindruck von dem ausladenden römischen Luxus des 1. Jahrhunderts.

18,12. Silber. Offensichtlich bestand großer Bedarf an Silbergeschirr. Einige Frauen hatten silberne Badewannen. Ein General nahm seine silbernen Teller sogar mit auf das Schlachtfeld. **Gewänder aus feinem Leinen.** Ein besonders kostbarer Stoff, der so fein gewoben wurde, dass er fast durchsichtig war. Er war ein beliebtes Material für Frauenkleidung (und weist auf den moralischen Verfall und den Luxus hin). **Seide.** Sie kam aus China und war äußerst teuer. Sie wurde mit Gold aufgewogen. **die purpurfarbenen und scharlachroten Stoffe.** Diese Farbe wurde aus Phönizien eingeführt. Sie war selten und teuer, da sie nur tröpfchenweise aus einer bestimmten Schneckenart gewonnen wurde. **Sandelholz.** Dunkle Edelhölzer aus Nordafrika, die sehr selten waren und zur Herstellung teurer Möbel verwendet wurden. Von dem berühmten Philosophen Seneca wird berichtet, dass er 300 Tische mit Elfenbeinfüßen aus diesem Holz besaß. Edle Hölzer wurden auch für alle Arten von Verzierungen an den Häusern wohlhabender Bürger benutzt. **Marmor.** Er wurde zur Dekoration öffentlicher Gebäude verwendet.

18,13. Kardamon. Dieses Gewürz kam aus Südchina und wurde als Duftstoff benutzt (vgl. Spr 7,17). **Duftstoffe und Salböl.** Auch zur Parfümierung der Haare. **Weihrauch.** Diese Pflanze benutzte man als Medizin, als Duftstoff und zum Einbalsamieren von Toten. **Feinmehl und Weizen.** Es wurde in großen Mengen benötigt und vom Staat bezuschusst. In Rom wurde es als Mittel der gesellschaftlichen Kontrolle unter der Bevölkerung verteilt. **Wagen.** Es handelt sich dabei um eine Art Triumphwagen, der von Wohlhabenden benutzt wurde. **Menschenhandel.** Wörtl.: *Sklaven.* Es gab einen blühenden Sklavenhandel. Es wird geschätzt, dass es im 1. Jahrhundert ca. 60 Millionen Sklaven gab, die alle Arten von Arbeiten ausführten von Botengängen bis zu höchsten Ämtern. Diener, Lehrer, Ärzte und Beamte konnten Sklaven sein.

18,15.16a. Eine zweite Totenklage wird von den Kaufleuten und Händlern angestimmt, die wohl ebenfalls in erster Linie um den eigenen Verlust trauern. **in weiter Ferne.** Sie beklagen den Verlust, trauen sich aber nicht mehr in die Stadt, damit sie nicht in die Zerstörung hineingezogen werden.

18,20-24. Im Gegensatz zu den Klageliedern, die gerade beschrieben wurden, erklingt im Himmel nun ein gewaltiger Lobgesang. Der Grund für dieses Lob liegt darin, dass das Gericht Gottes über die Stadt vollstreckt wird, die seine Gemeinde verfolgte. Das Motiv für den Lobpreis liegt nicht in der Befriedigung persönlicher Rachegefühle. Vielmehr geht es um die Wiederherstellung der Ehre Gottes und um sein gerechtes Urteil. Dabei muss immer bedacht werden, dass im Hintergrund solch eines Triumphliedes die Frage steht, unter wessen Herrschaft die Menschheit schließlich gerät: die Gottes oder die des Satans. Die von Jesus angekündigte große Verfolgung (Mt 24,21) wird eine Zeit sein, in dem es Satan erlaubt ist, seine ganze Bosheit auszuleben. Seine Hauptstadt Babylon wird trunken sein vom Blut der Märtyrer (Offb 17,6). So schrecklich diese Zeit auch sein wird – sie ist begrenzt. Die Zerstörung Babylons wird zeigen, dass Gott über Babylon sein letztes Gerichtswort gesprochen hat.

18,21. Alles ereignet sich sehr schnell. Gerade noch brüstete sich Babylon mit seiner Macht und Unbezwingbarkeit, nun ist es schon untergegangen wie ein Stein, den man in einen See wirft.

18,22.23. Alle Aktivitäten in der Stadt verstummen. In den Häusern werden die Lichter verlöschen. Festliche Anlässe wie Hochzeiten wird es nicht mehr geben und der Handel wird eingestellt. **weder Harfenklänge noch Gesang, weder Flötenspiel noch Trompetenschall werden je wieder… zu hören sein.** Babylon war bekannt als große Förderin der Künste. Flöten wurden bei Festen und Beerdigungen gespielt (vgl. Jes 30,29 und Mt 9,23), Trompeten bei Spielen und im Theater geblasen.

18,24. aller, die je irgendwo auf der Erde umgebracht wurden. Die Einflusssphäre Babylons reicht weit über die unmittelbaren Stadtgrenzen hinaus.

Siegesjubel im Himmel

Offenbarung 19,1-10

20

1. Wann haben Sie zuletzt irgendetwas so richtig gefeiert? Und wie?

2. In welche Hochzeitsvorbereitungen haben Sie die meiste Zeit und Mühe hineingesteckt?

3. Was war das aufwendigste Fest, das Sie bisher besuchten?

Einstieg

(15–20 Minuten)
Wählen Sie bitte eine oder zwei Fragen aus.

Siegesjubel im Himmel, Vorfreude auf die Hochzeit des Lammes

BIBELTEXT

1 Danach hörte ich im Himmel lauten Jubel wie von einem vielstimmigen Chor:
„Halleluja! Gepriesen sei unser Gott!
Von ihm kommt das Heil, ihm gebührt die Ehre
und ihm gehört die Macht.
2 Denn seine Gerichtsurteile sind richtig und gerecht.
Er hat Gericht gehalten über die große Hure,
die mit ihrer Unmoral die ganze Erde ins Verderben stürzte,
und hat sie dafür zur Rechenschaft gezogen,
dass das Blut seiner Diener an ihren Händen klebte.“
3 Und von neuem erklangen die Jubelrufe:
„Halleluja! Gepriesen sei Gott!
Ja, für immer und ewig steigt der Rauch
dieser brennenden Stadt zum Himmel auf.“
4 Auch die vierundzwanzig Ältesten und die vier lebendigen Wesen bete-
ten Gott an. Sie warfen sich vor seinem Thron nieder und riefen:
„Amen! Halleluja!“
5 Und eine Stimme, die vom Thron her kam, sprach:
„Lobt unseren Gott, ihr alle, Kleine und Große,
die ihr seine Diener seid und euch ihm in Ehrfurcht unterstellt habt!“
6 Dann hörte ich ein weiteres Mal einen Jubelgesang, der von einem
vielstimmigen Chor zu kommen schien und wie das Tosen einer mächtigen
Brandung und wie gewaltiges Donnerrollen klang:
„Halleluja! Gepriesen sei der Herr!
Denn er ist es, der von jetzt an regiert,
er, unser Gott, der allmächtige Herrscher.
7 Lasst uns jubeln vor Freude und ihm die Ehre geben,
denn jetzt wird die Hochzeit des Lammes gefeiert!

Seine Braut hat sich für das Fest bereitgemacht;
8 sie durfte sich in reines, strahlend weißes Leinen kleiden.“
(Das weiße Leinen stellt das Gute dar, das die getan haben, die zu Gottes
heiligem Volk gehören und sich nach Gottes Willen richten.)
9 Der Engel befahl mir: „Schreibe: Glücklich, wer zum Hochzeitsmahl des
Lammes eingeladen ist!“ Und er fügte hinzu: „Auf alle diese Worte ist Ver-
lass, denn es sind Worte Gottes.“ 10 Da warf ich mich vor ihm nieder und
wollte ihn anbeten. Doch er sagte zu mir: „Tu das nicht! Ich bin Gottes Die-
ner wie du und deine Geschwister, die ihr treu zur Botschaft von Jesus steht.
Bete vielmehr Gott an! Denn die prophetische Botschaft, die der Geist Got-
tes eingibt, ist die Botschaft von Jesus.“

Bibelgespräch

(30–40 Minuten)
Wählen Sie ggf. unter den Fragen aus.

1. Wodurch ist im Gegensatz zur Stille nach dem Fall Babylons (18,22) die neue Szene im Himmel gekennzeichnet?

2. Vergleichen Sie die fünf Lobpreisrufe dieses Abschnitts miteinander. Wie unterscheiden sie sich? Was ist der am häufigsten wiederkehrende Gedanke?

3. Vergleichen Sie die „große Hure“ aus Kap. 17 und 18 mit der Braut aus V. 6-9 (vgl. auch Eph 5,25-27).

4. Warum vergleicht Johannes die Vereinigung des Volkes Gottes mit dem Messias ausgerechnet mit einer Hochzeit? Welche Aspekte erscheinen Ihnen daran wichtig? Vgl. die Erläuterung zu 19,6-10.

5. Was veranlasst Johannes dazu, den Engel oder Überbringer der guten Nachricht anzubeten?

6. Inwiefern ist alttestamentliche Prophetie für den Glauben an Jesus wichtig?

1. Wofür sind Sie Gott besonders dankbar? Drücken Sie Gott gegenüber diesen Dank auch konkret aus?

2. Warum fällt es Christen oftmals so schwer, Gott einfach nur zu loben?

3. Beeinflusst die Offenbarung hier und heute Ihre Einstellung zu bestimmten Problemen?

4. Welche Haltung möchten Sie in der kommenden Woche schwierigen Aufgaben gegenüber einnehmen? Was möchten Sie konkret tun?

5. Kann Sie diese Gruppe dabei im Gebet unterstützen? Möchten Sie ein Anliegen nennen?

Austausch

(15–20 Minuten) Wählen Sie ggf. unter den Fragen aus. Sie können das Gespräch mit einem gemeinsamen Gebet abschließen.

ERLÄUTERUNGEN

19,1. Halleluja. Ein hebräischer Ausruf des Jubels. Wörtl.: *Lobt Gott!* Er wird wiederholt in den Psalmen benutzt (z.B. Ps 106,1; Ps 110 – 113), aber im Neuen Testament nur in diesem Abschnitt (V. 1.3.4.6). **Heil.** Es geht nicht allein um das Gericht. Der Fall Babylons ist ein notwendiger Teil des großen Heilsplanes Gottes.

19,2. die ... die ganze Erde ins Verderben stürzte. Die unheilvollen Strukturen, die die Stadt Babylon symbolisiert, haben die ganze Welt erfasst. Die Zerstörung dieser Stadt signalisiert, dass Gott durch das Gericht hindurch Gedanken des Heils mit der Welt hat.

19,4. Die 24 Ältesten und die vier Lebewesen erscheinen hier zum letzten Mal im Buch der Offenbarung. Ihr letzter Ausruf ist nochmals eine Aufforderung zum Lob Gottes.

19,6 – 21,8. Die Szene ändert sich erneut, und Johannes wird Zeuge des endgültigen Triumphes des Lammes. Was in 11,15 angekündigt wurde, wird nun Wirklichkeit.

19,6-10. Johannes kündigt die Hochzeit des Lammes an, obwohl er sie nicht im Einzelnen beschreibt. Das hier benutzte Bild beruht auf jüdischen Hochzeitsriten. Zuerst erfolgt die Verlobung. Sie war wesentlich verbindlicher als es heute bei uns der Fall ist. Man einigte sich vor Zeugen auf die Einzelheiten der Hochzeit und erbat Gottes Segen für die geplante Verbindung. Von diesem Tag an waren Bräutigam und Braut rechtlich Mann und Frau (vgl. 2 Kor 11,2). Danach folgte die Zeit zwischen der Verlobung und dem Hochzeitsfest. In dieser Zeit bezahlte der Bräutigam den Brautpreis an den Vater der Braut, wenn er das nicht schon getan hatte (vgl. 1 Mo 34,12). Am Ende der Zwischenzeit kam es zum großen Hochzeitszug. Die Braut bereitet sich vor und kleidet und schmückt sich festlich. Der Bräutigam zieht in Begleitung seiner Freunde, die Fackeln tragen, zum Haus seiner Verlobten. Er nimmt die Braut in Empfang und zieht zusammen mit ihr in einer weiteren feierlichen Prozession zu seinem eigenen Haus oder zum Haus seiner Eltern (Mt 9,15; vgl. auch Mt 25,1ff.). Zum Schluss findet ein Hochzeitsfest statt, zu dem auch das Hochzeitsmahl gehört. Normalerweise dauerte dieses Fest mehrere Tage. – Auch die Gemeinde ist mit Christus verlobt. Er hat den Brautpreis durch seinen Tod am Kreuz bezahlt. Die Zwischenzeit der Trennung ist der gesamte Zeitraum zwischen der Himmelfahrt und der Wiederkunft von Jesus. Während dieses Zeitraums bereitet sich die Gemeinde auf die Wiederkunft von Jesus vor (vgl. 7,13). Am Ende des Zeitraumes kommt der Bräutigam „in seiner Herrlichkeit ... und mit ihm alle Engel“ (Mt 25,31), um seine Braut, die Gemeinde, zu sich zu nehmen und das Hochzeitsmahl beginnt, das die ganze Ewigkeit währt.

19,7. Seine Braut. Immer wieder wird im Alten Testament von Israel als der Braut Gottes gesprochen (vgl. Jes 54,5; 62,5; Hes 16,8-14; Hos 2,21.22). Jesus bezeichnet sich selbst als Bräutigam (Mk 2,19.20). Auch Johannes der Täufer benutzt dieses Bild, um Jesus zu beschreiben (Joh 3,29). Und Jesus selbst beschreibt ein solches Hochzeitsfest in seinen Gleichnissen (Mt 22,1-14; 25,1-13). Auch Paulus nimmt die Vorstellung von Israel als der Braut Gottes auf und wendet sie auf die Gemeinde (das neue Israel) an (Röm 7,1-4; 1 Kor 6,17; 2 Kor 11,2; Eph 5,25-27).

19,9. Der Engel. Vermutlich nicht der Engel von Kapitel 18,1, sondern der von 17,1 bzw. von 1,1 (vgl. 22,6.8.9). – Der Blick wendet sich nun den Hochzeitsgästen zu. In der bildlichen Sprache ist die Gemeinde beides: Braut und Hochzeitsgast. Diese Flexibilität des Bildes ist auch sonst im Neuen Testament zu beobachten. In Markus 2,19.20 werden die Jünger als Gäste der Hochzeit beschrieben. Genauso ist es im Gleichnis vom Hochzeitsmahl. In Epheser 5,25-27 wird jedoch von der Gemeinde als der Braut gesprochen, die für den Bräutigam Christus bereitet wird. **Glücklich, wer...** Dies ist die vierte der sieben Seligpreisungen in der Offenbarung (vgl. 1,3; 14,13; 16,15; 20,6; 22,7.14). **Hochzeitsmahl.** Das ist das große Festmahl des Messias, von dem Jesus sprach (Mt 8,11; 26,29).

19,10. du und deine Geschwister, die ihr treu zur Botschaft von Jesus steht. *Wörtl.: deine Brüder, die das Zeugnis Jesu haben.* **die Botschaft von Jesus.** Wörtl.: *das Zeugnis von Jesus.* Der Ausdruck *Zeugnis von Jesus* wird zweimal verwendet. Er lässt sich auf zwei Arten verstehen. Er weist zunächst auf die Glaubenden, die Jesus bezeugt haben. In dieser Weise spricht der Engel. Wenn dies gemeint ist, dann bedeutet der Ausdruck an der zweiten Stelle, dass das Zeugnis von Jesus der eigentliche Inhalt aller Prophetie ist. Es kann allerdings auch das Zeugnis gemeint sein, das Jesus der Gemeinde brachte und das sie nun weiterträgt. Auf diese Weise wurde es bereits dreimal in der Offenbarung gebraucht (1,2.9; 12,17). Ist dies auch hier gemeint, so bedeutet der Ausdruck, dass die Botschaft, die Jesus verkündigt hat, letztlich auch der Inhalt einer jeden prophetischen Botschaft ist.

Der Reiter auf dem weißen Pferd

21

Offenbarung 19,11-21

1. Verspüren Sie schon mal Schadenfreude, wenn einem Menschen, den Sie nicht leiden können, etwas Schlimmes zustößt?

2. Gibt es in Ihren Augen gerechte Kriege?

3. Wieso wohl hat Johannes keine Probleme mit Bildern, die auf uns oft sehr blutrünstig wirken (vgl. V. 17 ff.; Ps 137,9)?

Einstieg

(15–20 Minuten)
Wählen Sie bitte eine oder zwei Fragen aus.

BIBELTEXT

Der Reiter auf dem weißen Pferd

11 Nun sah ich, dass der Himmel geöffnet war. Und auf einmal erschien ein
weißes Pferd, auf dem jemand saß. Der Reiter heißt „der Treue und Wahr-
haftige", und er kommt als gerechter Richter und führt einen gerechten
Krieg. 12 Seine Augen glichen lodernden Flammen, und auf dem Kopf trug
er viele Kronen. Auf seiner Stirn stand ein Name, der nur ihm selbst be-
kannt ist, 13 und der Mantel, in den er gehüllt war, war mit Blut getränkt.
Der Reiter hatte noch einen anderen Namen: „Das Wort Gottes". 14 Ihm
folgten, auf weißen Pferden reitend und in reines, leuchtend weißes Lei-
nen gekleidet, die Heere des Himmels. 15 Aus dem Mund des Reiters kam
ein scharfes Schwert. Mit diesem Schwert wird er den Völkern eine ver-
nichtende Niederlage beibringen; er wird mit eisernem Zepter über sie
regieren und sie den furchtbaren Zorn des allmächtigen Gottes erfahren
lassen, indem er sie wie reife Trauben in der Weinpresse zertritt. 16 Und
auf dem Mantel des Reiters – dort, wo der Mantel die Hüfte bedeckt –
stand noch ein weiterer Name: „König über alle Könige und Herr über alle
Herren."

Der Sieg Christi über das Tier und dessen Gefolge

17 Dann sah ich mitten in der Sonne einen Engel stehen, der allen Vögeln,
die hoch oben am Himmel flogen, mit lauter Stimme zurief: „Kommt her!
Versammelt euch zu dem großen Mahl, das Gott für euch zubereitet hat,
18 und fresst euch satt am Fleisch von Königen und Generälen! Fresst das

Fleisch der Mächtigen, das Fleisch der Pferde und ihrer Reiter, das Fleisch
aller freien Leute und aller Sklaven! Fresst das Fleisch von Groß und Klein!“
[19] Schließlich sah ich auch das Tier und die Könige der ganzen Erde. Ich
sah, wie sie mit ihren Armeen gemeinsam gegen den Reiter auf dem wei-
ßen Pferd und gegen sein Heer in den Kampf zogen. [20] Doch das Tier wurde
gefangen genommen und mit ihm der falsche Prophet, der im Auftrag des
Tieres all die Aufsehen erregenden Wunder getan und auf diese Weise die
Menschen dazu verführt hatte, sich das Kennzeichen des Tieres anbringen
zu lassen und sein Standbild anzubeten. Beide – das Tier und der falsche
Prophet – wurden bei lebendigem Leib in den Feuersee geworfen, der mit
brennendem Schwefel gefüllt ist. [21] Alle anderen wurden mit dem Schwert
umgebracht, das aus dem Mund des Reiters auf dem weißen Pferd hervor-
kam. Und alle Vögel fraßen sich am Fleisch der Getöteten satt.

Bibelgespräch

(30–40 Minuten) Wählen Sie ggf. unter den Fragen aus.

1. Was fällt Ihnen an der Schilderung von Pferd, Reiter oder den Umständen besonders auf?

2. Was besagen die Namen, die Christus in diesem Abschnitt gegeben werden? Wieso gehört dazu ein Name, „der nur ihm selbst bekannt ist“ (12)?

3. Welche Waffe steht dem Reiter zur Verfügung?

4. Wer sind die Gegner in dem hier beschriebenen Krieg (V. 19-21)?

5. Welcher Zusammenhang besteht zwischen dieser letzten Schlacht, den vorhergehenden (16,12-16; 17,14-16) und der folgenden (20,7-10)? Könnte es sein, dass es sich um verschiedene Berichte über ein und dasselbe Ereignis handelt?

Austausch

(15–20 Minuten) Wählen Sie ggf. unter den Fragen aus.

1. Löst diese Vision in Ihnen eher Hoffnungen oder eher Ängste aus?

2. Wenn Jesus morgen zu Ihnen käme, würde das eine traurige oder eine fröhliche Begegnung werden?

3. Glauben Sie, dass im Kampf gegen das Böse die Macht des Wortes ausreicht (vgl. Erklärung zu 19,15)?

4. Gibt es etwas, für das die Gruppenteilnehmer in der nächsten Woche für Sie beten könnten?

19,11-21. Zum Schluss ereignet sich das lang Ersehnte: Jesus kommt wieder, um den Mächten des Bösen direkt entgegenzutreten. Er ist gekleidet wie ein Krieger auf einem weißen Pferd, gefolgt von der Armee des Himmels. Dieses Ereignis ist mehrfach in der Bibel vorhergesagt, besonders im Alten Testament (Jes 13,4; 31,4; 63,1-6; Hes 38 – 39; Joel 4; Sach 14,3; Mt 13,41-42; 2 Thess 1,7; 2,8). Das zweite Kommen von Jesus ist auch im Neuen Testament ein zentrales Thema. Hier verbindet sich mit der Wiederkunft von Jesus häufiger der Gedanke an das endgültige Heil der Glaubenden als die Vorstellung des Gerichts über die Feinde Gottes.

19,12. viele Kronen. Jesus ist der König der Könige und der Herr aller Herren, wie es der Engel bereits offenbart hat (17,14). Die Bezeichnung *König* ist durch das ganze Neue Testament hindurch eng mit Jesus verbunden (vgl. Mk 10,48; Apg 2,36; 1 Kor 15,24-25; Phil 2,9-11). **ein Name, der nur ihm selbst bekannt ist.** Der Reiter wurde bereits als „der Treue und Wahrhaftige" (V. 11) bezeichnet und wird in V. 13 „das Wort Gottes" genannt. Er hat einen weiteren, geheimen Namen, der den Menschen verborgen ist. Im 1. Jahrhundert sah man im Namen weitaus mehr als nur die Bezeichnung einer Person. Der Name drückt das Wesen aus. Vielleicht spricht dieser Name vom tiefsten Wesen Jesu – einem Geheimnis, das von unserem begrenzten menschlichen Verstand nicht erfasst werden kann (vgl. Kol 2,3).

19,13. Mantel... mit Blut getränkt. Gemeint ist das Blut der Feinde. In diesem Abschnitt ist nicht die Rede davon, dass Jesus als Erlöser kommt, der für die Sünder stirbt, sondern er kommt als Krieger, der über das Böse triumphiert (vgl. auch Jesaja 63,1-6, wo ebenfalls vom Blut der Feinde auf den Kleidern die Rede ist). **Wort Gottes.** Johannes weiß, dass es Jesus ist, den er sieht. Er beginnt sein Evangelium: „Am Anfang war das Wort; das Wort war bei Gott, und das Wort war Gott. Der, der das Wort ist, war am Anfang bei Gott" (Joh 1,1.2). Ganz ähnlich beginnt auch sein erster Brief: „Von allem Anfang an war es da; wir haben es gehört und mit eigenen Augen gesehen, wir haben es angeschaut und mit unseren Händen berührt – das Wort des Lebens" (1 Joh 1,1). Jesus ist das menschgewordene Wort Gottes, die Anrede Gottes an diese Welt.

19,14. Heere des Himmels. Es könnte sich dabei um Engelheere handeln oder um das Heer der Erlösten, wie 17,14 nahelegt (vgl. Sach 14,5; Mk 8,38; Lk 9,26; 1 Thess 3,13; 2 Thess 1,7). In beiden Fällen greift die Armee nicht in die Schlacht ein. Der letzte Kampf ist allein Christus überlassen (V. 21). **reines, leuchtend weißes Leinen.** Die Heerscharen des Himmels sind mit himmlischen Gewändern bekleidet.

19,15. Schwert... eisernes Zepter... Trauben. Drei Symbole, die alle dem Alten Testament entstammen, beschreiben das Handeln des Kriegers. 1. Die Waffe, die er in diesem Kampf benutzt, geht aus seinem Mund hervor. Ein Bild, das aus Jesaja 11,4 stammt (vgl. 1,16; 2,12.16). Sein Wort ist sein Schwert. Dasselbe Wort, das auch der Ursprung der ganzen Welt ist (Joh 1,1-3; Hebr 1,2). 2. Er herrscht mit einem eisernen Zepter. Ein Bild, das sich auf Psalm 2,9 bezieht. Das eiserne Zepter ist weniger ein Symbol der Herrschaft, sondern ein Bild für die Vernichtung. 3. Er tritt die Weinpresse – ein schon bekanntes Bild in der Offenbarung (vgl. 14,19-20). Es stammt ursprünglich aus Jesaja 63,2-6.

19,16. König über alle Könige und Herr über alle Herren. Ein vierter Name, der Christus zugeschrieben wird (vgl. Erläuterung zu Vers 12).

19,17-21. Die große Entscheidungsschlacht zwischen Christus und dem Antichristen beginnt. In ihr spiegelt sich der zwischen Gott und Satan stattfindende Kampf (12,1 – 13,1). Wie schon vorher (17,6; 18,2) beschreibt Johannes auch jetzt nicht das Ereignis selbst. Er teilt lediglich mit, dass es stattfindet.

19,17.18. Dieses grausame Mahl steht im scharfen Gegensatz zum Hochzeitsmahl von 19,6-10 (vgl. Hes 39,17-20). **Groß und Klein.** Gemeint sind alle, die das Zeichen des Tieres tragen.

19,19. Die Feinde versammeln sich zum entscheidenden Kampf. Das Tier steht an der Spitze der Armee neben den Königen der Erde (16,13.14.16).

19,20. Die Schlacht selbst wird nicht beschrieben, nur ihr Ausgang. **Feuersee... der mit brennendem Schwefel gefüllt ist.** Im Neuen Testament wird dieser Ort auch Gehenna genannt (Mt 5,22 „Feuer der Hölle", Mk 9,43). Das Tal Hinnon, von dem sich diese Bezeichnung ableitet, war ein Ort, an dem in heidnischer Zeit Menschenopfer gebracht wurden (vgl. 2 Kön 16,3; 23,10; Jer 7,31-32). Möglicherweise war es auch die Müllkippe der Stadt Jerusalem, wo ständig ein Feuer schwelte. Der Ort wurde ein Symbol für die Hölle.

19,21. Die Armeen der widergöttlichen Mächte werden mit dem Schwert des Reiters besiegt.

Die tausendjährige Herrschaft

22

Offenbarung 20,1-15

1. Können Sie sich an eine Situation aus Ihrer Kindheit oder später erinnern, in der Sie das Gefühl hatten, völlig sicher und beschützt zu sein?

2. Welches Buch neben der Bibel würden Sie als Pflichtlektüre für jedermann empfehlen? Warum gerade dieses?

3. Haben Sie in einem Film, Theaterstück o. Ä. schon einmal eine Darstellung des Teufels gesehen, die Sie beeindruckt hat?

Einstieg

(15–20 Minuten)
Wählen Sie bitte eine oder zwei Fragen aus.

Die tausend Jahre

BIBELTEXT

1 Nun sah ich einen Engel vom Himmel herabkommen, der den Schlüssel
zum Abgrund hatte und eine große Kette in der Hand hielt. 2 Er packte den
Drachen, die Schlange der Urzeit, die auch Teufel oder Satan genannt wird,
fesselte ihn 3 und warf ihn für tausend Jahre in den Abgrund. Den Eingang
zum Abgrund verschloss und versiegelte er, sodass der Satan die Völker
nicht mehr verführen konnte, bis die tausend Jahre vorüber waren. Danach – so ist es von Gott bestimmt – wird er nochmals für kurze Zeit freigelassen werden.

4 Dann sah ich Throne und sah, wie denen, die darauf Platz nahmen, die
Aufgabe übertragen wurde, Gericht zu halten. Es waren die Seelen derer, die hingerichtet worden waren, weil sie sich zur Botschaft von Jesus bekannt und an Gottes Wort festgehalten hatten; sie hatten das Tier und sein Standbild nicht angebetet und hatten sich das Kennzeichen des Tieres nicht auf der Stirn oder auf der Hand anbringen lassen. Jetzt wurden sie wieder
lebendig und regierten tausend Jahre lang zusammen mit Christus. 5 Das ist
die erste Auferstehung. Die übrigen Toten wurden nicht zum Leben erweckt, bis die tausend Jahre vorüber waren.

6 Glücklich, wer zu Gottes heiligem Volk gehört und an der ersten Auferstehung teilhat! Über diese Menschen hat der zweite Tod keine Macht; vielmehr werden sie Gott und Christus als Priester dienen und während der tausend Jahre mit Christus regieren.

Die endgültige Niederlage des Satans

7 Wenn die tausend Jahre abgelaufen sind, in denen der Satan gefangen ge-
halten wurde, wird er wieder freigelassen werden. 8 Er wird sich in alle vier
Himmelsrichtungen aufmachen, um Gog und Magog, die Völker der ganzen
Erde, dazu zu verführen, gemeinsam in den Kampf zu ziehen. Von überallher
sah ich ihre Armeen aufmarschieren; sie waren so unzählbar wie der Sand
am Meer 9 und überschwemmten die Erde, so weit das Auge reichte. Sie
umzingelten die von Gott geliebte Stadt, das Heerlager derer, die zu seinem
heiligen Volk gehören. Doch da fiel Feuer vom Himmel und vernichtete sie.
10 Und der Teufel, der sie verführt hatte, wurde in den Feuer- und Schwefel-
see geworfen, in dem sich schon das Tier und der falsche Prophet befan-
den. Dort werden sie Tag und Nacht Qualen erleiden – für immer und ewig.

Das Gericht vor dem großen Thron

11 Nun sah ich einen großen weißen Thron, und ich sah den, der auf dem
Thron saß. Himmel und Erde flohen vor ihm, weil sie seine Gegenwart nicht
ertragen konnten; sie verschwanden, ohne eine Spur zu hinterlassen. 12 Ich
sah die Toten vor dem Thron stehen, vom Kleinsten bis zum Größten. Es
wurden Bücher aufgeschlagen, in denen stand, was jeder getan hatte, und
aufgrund dieser Eintragungen wurden die Toten gerichtet; jeder empfing
das Urteil, das seinen Taten entsprach. Und noch ein anderes Buch wurde
geöffnet: das Buch des Lebens. 13 Das Meer gab seine Toten heraus, und
auch der Tod und das Totenreich gaben ihre Toten heraus. Bei jedem Ein-
zelnen entsprach das Urteil dem, was er getan hatte. 14 Der Tod und das
Totenreich wurden in den Feuersee geworfen; der Feuersee ist der zweite
Tod. 15 Und wenn jemand nicht im Buch des Lebens eingetragen war, wurde
er ebenfalls in den Feuersee geworfen.

Bibelgespräch

(30–40 Minuten) Wählen Sie ggf. unter den Fragen aus.

1. Warum wird der Satan gebunden und nicht gleich vernichtet?

2. Lesen Sie bitte die Erläuterung zu 20,4. Welche Auslegungstradition erscheint Ihnen am plausibelsten? Ist die Frage entscheidend, wann und wonach das Tausendjährige Reich der Herrschaft Christi beginnt?

3. Was ist die „erste Auferstehung“? Was ist der „zweite Tod“?

4. Beschreiben Sie mit eigenen Worten diese letzte Schlacht und vergleichen Sie diese mit anderen Berichten darüber in der Offenbarung und in Hesekiel 38 – 39.

5. Welches endgültige Schicksal wartet auf das Tier, den falschen Propheten und Satan?

6. Auf welcher Grundlage wird am Gerichtstag entschieden?

Austausch

(15–20 Minuten) Wählen Sie ggf. unter den Fragen aus. Sie können das Gespräch mit einem gemeinsamen Gebet abschließen.

1. Was ist für Sie in diesem Abschnitt tröstlich? Was bringt Sie eher durcheinander?

2. Stellen Sie sich vor, in einem für alle Mitmenschen zugänglichen Buch wären alle Taten und Worte Ihres Lebens aufgeschrieben und jeder würde es lesen. Wie wäre Ihnen dabei zumute? Könnten Christen damit anders umgehen als Nichtchristen?

3. Haben Sie schon einmal den Eindruck gehabt, dem Bösen begegnet zu sein? Wodurch ist das Böse für Sie charakterisiert?

4. Was bewegt Sie beim Gedanken an die Auferstehung der Toten?

5. Möchten Sie ein Gebetsanliegen weitergeben?

ERLÄUTERUNGEN

20,3. tausend Jahre. Die tausend Jahre sind hier (wie die meisten Zahlenangaben in der Offenbarung) symbolisch zu verstehen. Es handelt sich um einen sehr langen Zeitraum.

20,4. Der Sinn des Verses ist schwer zu entschlüsseln. **Throne… denen, die darauf Platz nahmen.** Der Bezug zu den Seelen der Märtyrer ist nicht ganz eindeutig. Wer auf den Thronen Platz nimmt, bleibt unbestimmt. Klar ist nur, dass diese Personen am Gericht beteiligt sind. Einige vermuten, es handele sich um die Apostel (vgl. Mt 19,28) oder um die Gläubigen (1 Kor 6,2.3). **die Seelen derer, die hingerichtet worden waren.** Dies sind die Menschen unter dem Altar aus 6,9 und all jene, die ein ähnliches Schicksal erlitten haben. Sie repräsentieren alle, die ihr Leben aus Treue zu Christus hingaben. **sie regierten tausend Jahre lang.** Die Deutung dieses Abschnittes war Gegenstand großer Auseinandersetzungen in der Kirchengeschichte. Es gibt *drei Auslegungsrichtungen* bezüglich des Tausendjährigen Reiches.

Die *erste* geht davon aus, dass die Wiederkunft Christi sich nicht ereignen wird, bevor nicht das Königreich Gottes hier auf Erden in der Geschichte, wie wir sie kennen, Wirklichkeit geworden ist. Das Tausendjährige Reich wird dann das goldene Zeitalter der Gemeinde sein, eine lange Epoche des Friedens. Ihm folgen die Wiederkunft Jesu, die Auferstehung der Toten, das Jüngste Gericht und das ewige Königreich.

Die *zweite* Richtung ist der Meinung, dass es keine tausendjährige Herrschaft Christi im wörtlichen Sinne geben wird. Vertreter dieses Ansatzes sehen in diesem Ausdruck ein Bild für die Geschichte der Kirche zwischen der Auferstehung Jesu und seiner Wiederkunft. Während dieser Zeit herrschen die Gläubigen, die ihr Leben für Jesus gegeben haben, mit ihm im Himmel. Wenn Jesus wiederkommt, wird eine allgemeine Auferstehung stattfinden sowie das Jüngste Gericht als Beginn der Herrschaft Jesu über den neuen Himmel und die neue Erde. Die Bindung des Satans ist nach dieser Auslegung bereits durch den Sieg Jesu in Kreuz und Auferstehung geschehen (Mt 12,29).

Eine *dritte* Gruppe ist der Meinung, dass die Ereignisse, die in 20,1-6 beschrieben sind, tatsächlich stattfinden werden. Jesus wird wiederkommen, eine erste Auferstehung wird geschehen, und er wird tausend Jahre lang friedlich über diese Erde herrschen. Danach kommen die endgültige Auferstehung, das Jüngste Gericht und der neue Himmel und die neue Erde. Einige sehen in der tausendjährigen Herrschaft auch eine besondere Belohnung für die Märtyrer aus Kap. 6.

20,5. die übrigen Toten. Um wen es sich dabei handelt, hängt davon ab, wie man das Tausendjährige Reich versteht. Die oben zuletzt beschriebene Auslegungsrichtung sieht in diesen Toten alle anderen Menschen (die Märtyrer sind bereits auferweckt und regieren mit Christus), gläubige und ungläubige. Andere verstehen den Vers als Hinweis auf die Auferweckung der Ungläubigen vor dem Jüngsten Gericht.

20,6. der zweite Tod. Der erste Tod ist der leibliche Tod. Der zweite Tod besteht darin, in den See von Feuer geworfen zu werden (vgl. 20,14; 21,8) – ein Bild für das ewige Getrenntsein von Gott.

20,7-10. Selbst nach der tausendjährigen Herrschaftszeit Christi ist es dem Satan möglich, eine Armee zu sammeln, die sich gegen Gott und seine Herrschaft stellt. **Gog und Magog.** In Hesekiel 38 – 39 findet sich eine ausführliche Prophezeiung über *Gog im Land Magog*. Wie in der Offenbarung folgt auch dort der Aufrichtung des messianischen Königreiches die letzte Schlacht (vgl. Hes 38 – 39).

20,9. die von Gott geliebte Stadt. Gemeint ist Jerusalem. **Feuer vom Himmel.** Es findet keine wirkliche Schlacht statt. Die Feinde werden durch Gottes Macht zerstört (vgl. 2 Kön 1,9-16).

20,10. Satan folgt dem Tier und dem falschen Propheten in den Feuersee – das letztgültige Schicksal des Bösen in jeder Gestalt (vgl. Mt 25,41). **See von Feuer und Schwefel.** Vgl. die Erläuterung zu 19,20.

20,12. ein Urteil, das seinen Taten entsprach. Die Vorstellung eines Gerichts auf Grundlage dessen, was ein Mensch getan hat, findet sich im Alten und Neuen Testament (Ps 62,13; Jer 17,10; Röm 2,6; 1 Petr 1,17). Es geht aber nicht darum, dass das eigene Tun unser Heil bewirken kann. An der Gestaltung des Lebens wird vielmehr ablesbar, welche Beziehung jemand zu Christus hat. **Buch des Lebens.** Ein anderes Buch wird geöffnet. In ihm sind die Namen de Menschen aufgezeichnet, die zu Christus gehören (vgl. 2 Mo 32,32-33; Dan 12,1; Lk 10,20; Phil 4,3; Offb 3,5; 13,8; 21,27).

20,13. das Totenreich. Wörtl.: *Hades*. Dies ist wohl nicht derselbe Ort wie die *Gehenna* (vgl. Erläuterung zu 19,20), sondern der Ort, an dem die verstorbenen Menschen in einer Art Zwischenzustand (vgl. Lk 16,23; Apg 2,27) gleichsam schlafen (hebr. *Scheol*).

Die neue Welt Gottes

23

Offenbarung 21,1-8

1. Was ist der schönste Ort, an dem Sie je gewesen sind? Was hat Sie dort beeindruckt?

2. Wann ist es Ihnen das letzte Mal schwer gefallen, eine begonnene Sache zu Ende zu führen?

3. Woran erkennt man, wenn Gott unter den Menschen wohnt? Kennen Sie Menschen, von denen Sie den Eindruck haben, dass sie – zumindest in Ansätzen – diese Nähe Gottes erleben?

Einstieg

(15–20 Minuten)
Wählen Sie bitte eine oder zwei Fragen aus.

Gottes Wohnung bei den Menschen

BIBELTEXT

1 Danach sah ich einen neuen Himmel und eine neue Erde. Der frühere Him-
mel und die frühere Erde waren vergangen; auch das Meer gab es nicht mehr.
2 Ich sah die heilige Stadt, das neue Jerusalem, von Gott aus dem Himmel
herabkommen, schön wie eine Braut, die sich für ihren Bräutigam ge-
schmückt hat. 3 Und vom Thron her hörte ich eine mächtige Stimme rufen:

„Seht, die Wohnung Gottes ist jetzt bei den Menschen!
Gott wird in ihrer Mitte wohnen;
sie werden sein Volk sein – ein Volk aus vielen Völkern,
und er selbst, ihr Gott, wird immer bei ihnen sein.
4 Er wird alle ihre Tränen abwischen.
Es wird keinen Tod mehr geben, kein Leid und keine Schmerzen,
und es werden keine Angstschreie mehr zu hören sein.
Denn was früher war, ist vergangen."

5 Daraufhin sagte der, der auf dem Thron saß: „Seht, ich mache alles
neu." Und er befahl mir: „Schreibe die Worte auf, die du eben gehört hast!
Denn sie sind wahr und zuverlässig."

6 Dann sagte er zu mir: „Nun ist alles erfüllt. Ich bin das A und das O, der
Ursprung und das Ziel aller Dinge. Wer Durst hat, dem werde ich umsonst von
dem Wasser zu trinken geben, das aus der Quelle des Lebens fließt. 7 Das
alles wird das Erbe dessen sein, der siegreich aus dem Kampf hervorgeht,
und ich werde sein Gott sein, und er wird mein Sohn sein. 8 Schlimm jedoch
wird es denen ergehen, die sich feige zurückziehen und den Glauben ver-
raten, deren Leben in meinen Augen verabscheuungswürdig ist, die andere
umbringen, sich sexueller Ausschweifung hingeben, okkulte Praktiken aus-

üben oder Götzen anbeten. Auf sie und auf alle, die es mit der Lüge halten, wartet der See aus Feuer und brennendem Schwefel, und das bedeutet: Auf sie wartet der zweite Tod.“

Bibelgespräch

(30–40 Minuten) Wählen Sie ggf. unter den Fragen aus.

1. Welchen Gedanken finden Sie sympathischer: für immer auf einer neuen Erde oder für immer im Himmel zu leben?
2. Wer werden die Einwohner des neuen Jerusalem sein? Was oder wen vermissen Sie in diesem Bild?
3. Wie gehen Sie mit dem Vorwurf um, der christliche Glaube würde die Menschen auf das Jenseits vertrösten (vgl. V. 4)?
4. Was ist das letzte Ziel aller Ereignisse, die hier beschrieben werden (vgl. Erläuterung zu 21,3)?
5. Welche Bedeutung haben die Namen, die Gott zugeschrieben werden?

Austausch

(15–20 Minuten) Wählen Sie ggf. unter den Fragen aus. Sie können das Gespräch mit einem gemeinsamen Gebet abschließen.

1. Wenn Sie Gott ganz nah erleben würden, wie es hier beschrieben wird – was würde sich in Ihrem Leben ändern?
2. Was hat Ihnen im letzten Jahr (oder in der letzten Zeit) Trauer oder Schmerz bereitet? Welche Hilfen haben Sie, um den Schmerz zu bewältigen?
3. Was können Sie tun, um auch in leidvollen Zeiten die Zuversicht nicht zu verlieren?
4. Möchten Sie ein Gebetsanliegen für die nächste Woche nennen?

21,1-8. Die alte Weltordnung ist vergangen. Eine neue Ordnung tritt an deren Stelle.

21,1. einen neuen Himmel und eine neue Erde. Auch im Himmel wird unsere irdische Existenz nicht einfach ausgelöscht, sondern Gott knüpft auch dort noch an das an, was uns hier geprägt und ausgezeichnet hat, nur ohne die negativen Seiten! Vgl. Jes 11,6-9; 65,17; 2 Petr 3,13. **die vorige Erde war vergangen.** Dieses Ereignis wurde in 20,11 mit wenigen knappen Sätzen beschrieben. **das Meer gab es nicht mehr.** Im Altertum sah man im Meer eine dunkle, böse, lebensfeindliche Macht.

21,2. das neue Jerusalem. Die Vorstellung von einem himmlischen Jerusalem als Heimatort aller, die zu Gott gehören, hat ihre Wurzeln im AT und wird im NT öfter erwähnt (Gal 4,26; Hebr 12,22; Offb 3,12 [vgl. Joh 14,2]; Phil 3,20; Hebr 11,16; 12,22). In Offb 21,9 – 22,5 wird die Herrlichkeit dieser himmlischen Stadt beschrieben. **geschmückt wie eine Braut.** Die Gemeinde wurde bereits als Braut Christi beschrieben (vgl. Erläuterung zu 19,7). Vielleicht benutzt Johannes das himmlische Jerusalem als ein weiteres Bild für die Gemeinde, ähnlich wie Paulus den Tempel Gottes als Bild verwendet (1 Kor 3,16; Eph 2,21).

21,3. die Wohnung Gottes. In der Zeit des AT war der Ort der Gottesbegegnung, die Wohnung Gottes, zunächst das Bundeszelt (griech.: *skene)* in der Wüste und später der Tempel. Gottes Gegenwart zeigte sich in der Wolke der Herrlichkeit. Mit dem Kommen Jesu wohnte Gott unter den Menschen (Joh 1,14 wörtl.: *zeltete*). In der Zeit bis zu seiner Wiederkunft ist Gott gegenwärtig in der Gemeinde, die sein Tempel ist (Eph 2,22). Diese Wirklichkeit kann aber nur im Glauben erkannt werden; sie ist nicht jedem offensichtlich (2 Kor 5,7). In der Vollendung wird sich dies alles ändern: der Glaube wird zum Schauen, denn „sie werden sein Angesicht sehen“ (Offb 22,4). Die direkte und unmittelbare Gemeinschaft zwischen Gott und seinem Volk ist das Ziel der Erlösung.

21,4. Er wird alle ihre Tränen abwischen. Ein starkes Bild des Trostes für die leidende Gemeinde: Ganz gewiss kommt eine Zeit, in der alles Leid ein Ende hat. Dann wird der Aufruf zu Standhaftigkeit und Treue nicht mehr nötig sein, denn die Anfechtung existiert nicht mehr. **keinen Tod ... kein Leid und keine Schmerzen.** Die alten Feinde der Menschheit sind verschwunden. Auch der Tod ist überwunden, sodass es keine Notwendigkeit mehr gibt zu trauern. Alle Klagen sind verstummt. Der Schmerz wird unbekannt sein.

21,5. Seht, ich mache alles neu! Es scheint so, als sei die Schöpfung keine starre Größe. Hier am Ende der Geschichte schafft Gott eine ganz neue Realität. Was bereits grundsätzlich für den einzelnen Menschen gilt, der zu Christus kommt (2 Kor 5,17: „ein neuer Mensch“; wörtl.: *eine neue Schöpfung),* ist nun allgemeine Wirklichkeit geworden. Die ganze sichtbare Realität ist betroffen (Röm 8,20-22). Die Erlösung im biblischen Verständnis betrifft nicht nur die Seelen der Menschen. Sie schließt auch die Erlösung des Leibes und sogar der ganzen Schöpfung ein.

21,6. Die Stimme vom Thron (V. 3) ist nun identifiziert. Es ist Gott, der spricht – ein durchaus seltenes Ereignis in der Offenbarung (1,8; 16,1.17). Gott spricht, um zu bestätigen, dass alles vollbracht ist. Gottes Plan ist Wirklichkeit geworden. **das A und das O.** Wörtl.: *Alpha und Omega.* Der erste und letzte Buchstabe des griechischen Alphabets. Der Ausdruck besagt, dass Gott die ganze Wirklichkeit umschließt. **der Ursprung und das Ziel.** Gott umschließt auch die Zeit. **Wasser ... aus der Quelle des Lebens.** Gott stillt das Bedürfnis der Menschen nach einem Ziel und einem Sinn, so wie Wasser den Durst der Menschen stillt.

21,7. das Erbe dessen, der siegreich aus dem Kampf hervorgeht. Hier klingen noch einmal die Ermahnungen und die Verheißungen an, die an die sieben Gemeinden in der Provinz Asia gerichtet wurden (Offb 2,7.11.17.26; 3,5.12.21).

21,8. Verschiedene Menschengruppen, die außerhalb des Reiches Gottes stehen, werden aufgelistet. **die sich feige zurückziehen.** Diejenigen, die sich nicht gegen das Tier und seine Forderungen stellten. **den Glauben verraten.** Wörtl.: *Ungläubige* oder *Treulose*. Die Ungläubigen meinen hier nicht die Heidenwelt oder Menschen, die nicht an Christus glauben (wie in 1 Kor 6,6; 7,12 ff.; 10,27; 14,22 ff.), sondern die Gläubigen, die ihren Glauben in der Zeit der Verfolgung verleugnet haben.

Die neue Stadt Gottes

Offenbarung 21,9-21

24

1. Welche Weltstädte beeindrucken Sie? Würden Sie dort gerne leben?

2. Haben Sie einen Lieblingsedelstein? Warum gerade diesen?

3. Welche Assoziation kommt Ihnen zuerst, wenn Sie an „Großstadt“ denken?

Einstieg

(15–20 Minuten) Wählen Sie bitte eine oder zwei Fragen aus.

Das neue Jerusalem

BIBELTEXT

9 Nun trat einer von jenen sieben Engeln zu mir, die die sieben Schalen mit
den sieben letzten Plagen ausgeschüttet hatten, und sagte: „Komm, ich will
dir die Braut des Lammes zeigen, die Frau, die das Lamm sich erwählt hat.“
10 Daraufhin nahm der Geist Gottes Besitz von mir, und ich sah mich vom En-
gel auf den Gipfel eines sehr hohen Berges versetzt. Von dort aus zeigte er
mir Jerusalem, die heilige Stadt, die von Gott aus dem Himmel herabgekom-
men war. 11 Gottes Herrlichkeit erfüllte die Stadt, sodass sie wie ein überaus
kostbarer Edelstein leuchtete; sie funkelte wie ein Diamant. 12 Die Stadt war
von einer mächtigen, hohen Mauer umgeben und hatte zwölf Tore, an de-
nen zwölf Engel Wache hielten und auf denen zwölf Namen standen – die
Namen der zwölf Stämme Israels. 13 Drei Tore gingen nach Osten, drei nach
Norden, drei nach Süden und drei nach Westen. 14 Das Fundament der Stadt-
mauer bestand aus zwölf Grundsteinen, auf denen ebenfalls zwölf Namen
standen – die Namen der zwölf Apostel des Lammes.

15 Der Engel, der mit mir gesprochen hatte, hatte einen goldenen Mess-
stab in der Hand, der ihm dazu diente, die Stadt einschließlich ihrer Tore
und ihrer Mauer zu vermessen. 16 Länge und Breite der Stadt waren gleich;
sie war quadratisch angelegt. Nun vermaß der Engel die Stadt mit seinem
Messstab: Sowohl in der Länge und in der Breite als auch in der Höhe waren
es je zwölftausend Stadien. 17 Er maß auch die Höhe der Stadtmauer. Sie
betrug, nach menschlichem Maß gerechnet – dem Maß, das der Engel ver-
wendete –, hundertvierundvierzig Ellen.

18 Die Mauer war aus Diamanten gebaut, und die Stadt selbst bestand
aus reinem Gold, das wie geschliffenes Kristall schimmerte und glänzte.
19 Verschiedenartigste kostbare Steine gaben auch dem Fundament der
Mauer ein prachtvolles Aussehen. Der erste Grundstein war ein Diamant,
der zweite ein Lapislazuli, der dritte ein Rubin, der vierte ein Smaragd,

20 der fünfte ein Achat, der sechste ein Karneol, der siebte ein Chrysolith,
der achte ein Beryll, der neunte ein Topas, der zehnte ein Chrysopras, der
elfte ein Saphir und der zwölfte ein Amethyst. 21 Die zwölf Stadttore bestan-
den aus zwölf Perlen; jedes Tor war aus einer einzigen Perle geformt. Und
die breite Straße, die mitten durch die Stadt führte, war aus reinem Gold
und durchscheinend wie Kristall.

Bibelgespräch

(30–40 Minuten) Wählen Sie ggf. unter den Fragen aus.

1. Auf welche Aspekte der Stadt Gottes richtet Johannes in seinem Bericht unser Augenmerk besonders?

2. Vergleichen Sie diese Vision mit der ihr verwandten Vision in Hesekiel 40,2.5 und 48,30-35.

3. Was ist wohl die Bedeutung der Fundamente und der Tore (vgl. Erläuterung zu 21,14)?

4. Was war für die ersten Leser der Apokalypse wohl das Beeindruckendste an dieser Stadt? Was beeindruckt Sie an dieser Stadt und seiner Hauptperson am meisten?

5. Entspricht das neue Jerusalem Ihrer Vorstellung von Schönheit? Wie geht es Ihnen bei dem Gedanken, dass diese Stadt Ihre Heimat werden soll?

Austausch

(15–20 Minuten) Wählen Sie ggf. unter den Fragen aus. Sie können das Gespräch mit einem gemeinsamen Gebet abschließen.

1. Wie würde heute für Sie ein himmlischer Ort beschaffen sein? Ähnlich wie in dem Bericht des Johannes oder ganz anders? Wie im Einzelnen?

2. Gab es in der vergangenen Woche einen Moment, in dem Sie den Gedanken an diese heilige Stadt besonders gebraucht hätten?

3. Kann die Freude eines Christen auf den Himmel auch ungute Auswirkungen haben?

4. Möchten Sie ein Gebetsanliegen nennen?

21,9. Der Vorgang, der hier beschrieben wird, ähnelt sehr dem in 17,1, der Schau der Stadt Babylon. Die ins Auge fallende Parallele macht den Unterschied zwischen den beiden beschriebenen Städten noch plastischer.

21,10. nahm der Geist Gottes von mir Besitz. Es folgt die vierte Vision (vgl. 1,10; 4,2; 17,3).

21,12. zwölf Tore, an denen zwölf Engel Wache hielten. Vgl. Jesaja 62,6, wo von den Wächtern auf den Mauern Jerusalems die Rede ist. **die Namen der zwölf Stämme Israels.** Vgl. Hesekiel 48,30-34.

21,14. die Namen der zwölf Apostel des Lammes. Das eigentliche Fundament ruht auf den Aposteln Jesu (vgl. Eph 2,20). Die Gemeinde ist natürlich das Resultat der Arbeit der Apostel nach der Rückkehr von Jesus zum Vater. Mit den Namen der zwölf Stämme auf den Toren und den Namen der zwölf Apostel auf den Grundsteinen ist klar, dass das neue Jerusalem sowohl das Israel des Alten Testaments als auch die Gemeinde des Neuen Testaments umschließt.

21,16. zwölftausend Stadien. Die genannten Ausmaße sind gewaltig, größer als jede vorstellbare irdische Stadt. Jede ihrer vier Seiten ist beinahe zweieinhalbtausend Kilometer lang. Zwischen dem Toten Meer und dem See Genezareth liegen nur gut hundert Kilometer. Die Zahlen sind symbolisch zu verstehen. Sie beschreiben einfach die unvorstellbare Größe und Herrlichkeit dieser Stadt. **Länge... Breite... Höhe.** Das neue Jerusalem wird als Würfel beschrieben, dessen Kanten gleich lang sind – ein Symbol für Vollkommenheit (vgl. das Allerheiligste im Tempel bzw. im Bundeszelt, 1 Kön 6,20).

21,17. Stadtmauer. Die himmlische Stadt braucht eigentlich keine Mauer zum Schutz vor Feinden. Das macht erneut klar, dass sich Johannes einer bildlichen Sprache bedient. Er versucht zu beschreiben, was sich gegen jede Beschreibung wehrt. Dabei geht es nicht um die genauen Einzelheiten. Es ist die ganze Vision, die er in Worte zu fassen sucht (in diesem Fall eine Stadt, die so gewaltig und gesichert ist, wie man es sich nicht vorstellen kann). Sie ist der ewige Wohnort des Volkes Gottes. **hundertvierundvierzig Ellen.** Ca. siebzig Meter.

21,18. Diamanten. Wörtl.: *Jaspis.* Dreimal wird Jaspis in der Offenbarung erwähnt (4,3; 21,11). In 21,11 heißt es, dass die Stadt in der Gegenwart Gottes wie Jaspis erstrahlt. Die Bezeichnung Jaspis wurde für verschiedene Edelsteine benutzt. **aus reinem Gold, das wie geschliffenes Kristall schimmerte.** Die Stadt ist aus unermesslich kostbaren Materialien erbaut – ein Bild für die Pracht und Herrlichkeit Gottes, der das Zentrum dieser Stadt bildet.

21,19.20. Die Verse beschreiben die zwölf Grundsteine des himmlischen Jerusalem, die jeweils mit unterschiedlichen Edelsteinen geschmückt sind. Es handelt sich nicht um gewöhnliche Grundsteine, die unter der Erdoberfläche verborgen sind. Sie sind für alle sichtbar. Auf ihnen sind die Namen der zwölf Apostel geschrieben (V. 14). Acht der zwölf Edelsteine finden sich auch auf der Brusttasche des Hohenpriesters (2 Mo 28,17-21). Die genannten Edelsteine sind z. T. schwer zu identifizieren, da ihre Namen nicht den heutigen Bezeichnungen entsprechen. **Diamant.** Wörtl.: *Jaspis.* S. dazu zu 21,18. **Lapislazuli.** Ein tiefblauer Edelstein. **Karneol.** Ein blutrotes Mineral. **Chrysolith.** Auch gelber Topas oder goldener Jaspis genannt. **Beryll.** Ein meergrünes Mineral. **Topas.** Ein grünliches oder gelbliches Mineral. **Chrysopras.** Ein apfelgrüner Quarz. **Amethyst.** Ebenfalls ein durchscheinender, purpurroter Quarz.

21,21. zwölf Stadttore. Die Tore einer antiken Stadt waren zentrale Teile ihrer Verteidigungsanlagen. Sie waren in die Mauern eingebaut und oft mit Wachtürmen versehen. **zwölf Perlen.** Perlen waren in der Antike von großem Wert (Mt 13,45.46). Die Perlen, aus denen diese Tore gebaut sind, haben gigantische Ausmaße. Eine rabbinische Prophezeiung versprach, dass Gott Edelsteine und Perlen als Tore Jerusalems einsetzen würde, die dreißigmal dreißig Ellen messen und in die er Öffnungen gehauen hat, die zehn Ellen breit und zwanzig Ellen hoch sind.

25 Der Fluss des Lebens

Offenbarung 21,22 – 22,5

Einstieg

(15–20 Minuten) Wählen Sie bitte eine oder zwei Fragen aus.

1. Was gehört für Sie unbedingt zu einem guten oder gelungenen Gottesdienst?

2. Welche Art von „geistlicher Nahrung" sagt Ihnen am ehesten zu?

BIBELTEXT

22 Einen Tempel sah ich nicht in der Stadt. Der Herr selbst, der allmächtige
Gott, ist ihr Tempel, er und das Lamm. 23 Auch sind weder Sonne noch Mond
nötig, um der Stadt Licht zu geben. Sie wird von der Herrlichkeit Gottes erhellt; das Licht, das ihr leuchtet, ist das Lamm. 24 Die Völker werden in dem
Licht leben, das von der Stadt ausgeht, und von überall auf der Erde werden
die Könige kommen und ihren Reichtum in die Stadt bringen. 25 Die Tore
der Stadt werden den ganzen Tag geöffnet sein; mehr noch: Weil es dort
keine Nacht gibt, werden sie überhaupt nie geschlossen. 26 Die herrlichsten
Schätze und Kostbarkeiten der Völker werden in die Stadt gebracht. 27 Aber
etwas Unreines wird dort niemals Einlass finden. Wer Dinge tut, die Gott verabscheut, und sich in seinem Handeln von der Lüge leiten lässt, darf nicht hineingehen. Zutritt haben nur die, die im Lebensbuch des Lammes eingetragen sind.

22 1 Der Engel zeigte mir auch einen Strom, der wie Kristall glänzte; es war der Strom mit dem Wasser des Lebens. Er entspringt bei dem Thron Gottes und des Lammes
2 und fließt die breite Straße entlang, die mitten durch die Stadt führt. An beiden Ufern des Stroms wächst der Baum des Lebens. Zwölfmal im Jahr trägt er Früchte, sodass er jeden Monat abgeerntet werden
kann, und seine Blätter bringen den Völkern Heilung. 3 In dieser Stadt wird
es nichts mehr geben, was unter dem Fluch Gottes steht. Der Thron Gottes und des Lammes wird in der Stadt sein, und alle ihre Bewohner werden Gott
dienen und ihn anbeten. 4 Sie werden sein Angesicht sehen und werden seinen Namen auf ihrer Stirn tragen. 5 Es wird auch keine Nacht mehr geben,
sodass man keine Beleuchtung mehr braucht. Nicht einmal das Sonnenlicht wird mehr nötig sein; denn Gott selbst, der Herr, wird ihr Licht sein. Und zusammen mit ihm werden sie für immer und ewig regieren.

1. Vergleichen Sie die Vision des Johannes an dieser Stelle mit der verwandten Vision in Jesaja 60 – 66. Warum braucht das neue Jerusalem keinen Tempel?

2. Welche Einzelheiten über das neue Jerusalem werden in 22,1-5 beschrieben? Welche dieser Einzelheiten finden Sie in den Bibelstellen 1 Mose 1 – 3; Hesekiel 47,1-12; Joel 4,18; Sacharja 14,8 wieder? Könnten die Unterschiede eine Bedeutung haben?

3. Ist Ihre Vorstellung vom ewigen Leben bei Gott in erster Linie zeitlich bestimmt? Gäbe es noch andere Möglichkeiten, wie man „ewig" verstehen könnte?

4. Hat sich Ihr Bild vom Buch der Offenbarung durch die Beschäftigung damit verändert?

Bibelgespräch

(30–40 Minuten) Wählen Sie ggf. unter den Fragen aus.

1. Können Sie sich vorstellen, wie sich die ersten Leser, die vermutlich durch Verfolgung und Leiden gingen, auf die zukünftige vollkommene Welt Gottes gefreut haben? Wie groß ist Ihre Sehnsucht nach der neuen Welt Gottes?

2. In welchen Bereichen Ihres Lebens oder unserer Gesellschaft bräuchten wir die Nähe zu einem Strom des Lebens besonders? Können Christen etwas von diesem „Lebenswasser" anbieten (vgl. Joh 4,10-14)? Haben Sie für sich selbst den Zugang zur Quelle lebendigen Wassers gefunden?

3. Wie geht es Ihnen bei dem Gedanken, Gott von Angesicht zu Angesicht zu sehen?

4. Was nehmen Sie aus den Gesprächen über die Offenbarung vor allem für Ihren Glauben mit?

5. Bei Ihrem nächsten Treffen schließen Sie die gemeinsame Beschäftigung mit der Offenbarung ab. Würden sie das gerne miteinander feiern? Möchten Sie ein kleines Fest oder Abendessen planen?

6. Möchten Sie ein Gebetsanliegen für die kommende Woche mitteilen?

Austausch

(15–20 Minuten) Wählen Sie ggf. unter den Fragen aus. Sie können das Gespräch mit einem gemeinsamen Gebet abschließen.

21,22. Tempel. Der Tempel war der Mittelpunkt des religiösen Lebens in Israel. Gott war im Tempel im Allerheiligsten gegenwärtig. Es gibt keine Notwendigkeit für einen Tempel im neuen Jerusalem, da Gott dort immer und überall gegenwärtig ist.

21,23. weder Sonne noch Mond. Die strahlende Gegenwart Gottes und des Lammes ist so hell, dass das neue Jerusalem keine weitere Beleuchtung braucht (vgl. Jes 60,19-20; Joh 1,9; 8,12). Es wird keine Nacht geben (V. 25).

21,25. die Tore ... werden ... nie geschlossen. Die Tore einer Stadt wurden nachts geschlossen, weil die Gefahr eines Überraschungsangriffs bestand (vgl. Jes 60,11).

21,27. Niemand wird Zugang zur Stadt Gottes haben, es sei denn, sein oder ihr Name ist im Lebensbuch des Lammes geschrieben.

22,1-5. Der Blick wendet sich vom himmlischen Jerusalem ab und dem Strom des Lebens zu, der vom Thron Gottes und des Lammes her die Stadt durchfließt.

22,1. Das neue Jerusalem ist ein Ort ewigen Lebens. Die Gläubigen leben ewig nahe diesem Leben spendenden Strom. **der Strom mit dem Wasser des Lebens.** Die Vorstellung eines solchen Flusses ist der Bibel geläufig (vgl. Ps 46,5; Hes 47,1-12; Sach 14,8; Joh 4,10-14). **entspringt bei dem Thron Gottes.** Gott ist die Quelle des Lebens.

22,2. die breite Straße, die mitten durch die Stadt führt. Der Fluss des Lebens verläuft mitten durch das neue Jerusalem. **Baum des Lebens.** Die Geschichte der Menschheit endet wie sie begann – mit dem Baum des Lebens. Im ersten Buch Mose geht der Zugang zum Baum des Lebens im Garten Eden für die Menschheit aufgrund der Sünde verloren (1 Mo 2,9; 3,22). In der Offenbarung ist er wieder eröffnet. Doch welch ein schrecklicher Preis wurde für die Sünde in den dazwischenliegenden Jahrtausenden bezahlt. **zwölfmal im Jahr trägt er Früchte.** Vgl. Hes 47,12.

22,3. nichts mehr ... was unter dem Fluch Gottes steht. Der Fluch ist vorbei. Was bleibt, ist Gott und das Lamm, die miteinander für immer regieren.

22,4. Zuletzt kann auch der Mensch wieder vor dem Angesicht Gottes bestehen. Durch die ganze Erlösungsgeschichte hindurch wurde die Gegenwart Gottes vermittelt durch prophetische Worte, Träume, Erscheinungen, Engel und religiöse Handlungen. Von Angesicht zu Angesicht dem lebendigen Gott zu begegnen, bedeutete den Tod (2 Mo 33,20). Jesus brachte durch seine Menschwerdung die Gegenwart Gottes in seiner Person zu den Menschen (Mt 1,23) und ermöglichte so eine Unmittelbarkeit zwischen Gott und Mensch, die auch in diesem Bild veranschaulicht wird.

Jesus Christus kommt

26

Offenbarung 22,6-21

Einstieg

(15–20 Minuten)
Wählen Sie bitte eine oder zwei Fragen aus.

1. Wenn Sie einen neuen Namen für sich wählen müssten, der etwas über Ihre Wesensmerkmale, Ihre Begabungen, Ihre Träume oder Ihre Berufung aussagt – wie würde er lauten?

2. Welcher Mensch war in Ihrem bisherigen Leben am ehesten ein guter Engel?

3. Gibt es Situationen, in denen Sie daran zweifeln, ob es richtig ist, an Christus zu glauben? In welchen Situationen ist das so? Was könnte Ihnen in solchen Zeiten helfen?

BIBELTEXT

Warten auf die Wiederkunft Christi: Zusagen und Warnungen

6 Der Engel sagte zu mir: „Alles, was dir mitgeteilt wurde, ist wahr und zu-
verlässig. Der Herr selbst – der Gott, dessen Geist durch die Propheten re-
det – hat mich, seinen Engel, gesandt, um seinen Dienern zu zeigen, was
kommen muss und schon bald geschehen wird."
7 „Denkt daran: Ich komme bald", sagt Jesus. „Glücklich, wer sich nach
diesem Buch mit seiner prophetischen Botschaft richtet!"
8 Ich, Johannes, habe alles gehört und gesehen, was hier berichtet ist.
Überwältigt von dem, was ich gehört und gesehen hatte, warf ich mich vor
dem Engel nieder, der mir das alles gezeigt hatte, und wollte ihn anbeten.
9 Doch er sagte zu mir: „Tu das nicht! Ich bin Gottes Diener wie du und deine
Brüder, die Propheten, und wie alle, die sich nach der Botschaft dieses
Buches richten. Bete vielmehr Gott an!"
10 Weiter sagte der Engel zu mir: „Versiegle dieses Buch nicht! Halte seine
prophetische Botschaft nicht geheim! Denn was hier angekündigt ist, wird
sich bald erfüllen. 11 Wer Unrecht tut, mag weiter Unrecht tun, und wer an
Unreinheit Gefallen hat, mag sich weiter verunreinigen. Wer aber so han-
delt, wie es recht ist, soll weiterhin das Rechte tun, und wer ein geheiligtes
Leben führt, soll weiterhin so leben, wie es Gott gefällt."
12 „Ja, ich komme bald", sagt Jesus, „und bringe jedem den Lohn mit, den
er für sein Tun verdient hat. 13 Ich bin das A und das O, der Erste und der
Letzte, der Ursprung und das Ziel aller Dinge."
14 Glücklich, wer seine Kleider wäscht und sie von allem Schmutz rei-
nigt! Er hat das Recht, vom Baum des Lebens zu essen; die Tore der Stadt

werden ihm offen stehen. 15 Keinen Zutritt hingegen haben die abtrünnigen
Hunde und die, die okkulte Praktiken ausüben, sich sexueller Ausschwei-
fung hingeben, andere umbringen oder Götzen anbeten. Sie und alle, die
die Lüge lieben und sich in ihrem Tun von ihr leiten lassen, sind und bleiben
draußen.
16 „Ich, Jesus, habe meinen Engel zu euch gesandt, um euch diese Bot-
schaft bekannt zu machen; sie ist für alle Gemeinden bestimmt. Ich bin der
Nachkomme Davids, der Spross aus seinem Wurzelstock. Ich bin der helle
Morgenstern."
17 Der Geist Gottes und die Braut rufen: „Komm!" Und wer diesen Ruf
hört, soll ebenfalls sagen: „Komm!" Wer Durst hat, der komme! Wer will,
der trinke vom Wasser des Lebens; er bekommt es umsonst.
18 Ich erkläre jedem, der die prophetische Botschaft dieses Buches hört:
Wer dieser Botschaft etwas hinzufügt, dem wird Gott die Plagen zufügen,
die in diesem Buch beschrieben sind. 19 Und wer von der prophetischen
Botschaft dieses Buches etwas wegnimmt, dem wird Gott wegnehmen, was
ihm in diesem Buch als sein Anteil zugesprochen ist – das Recht, vom Baum
des Lebens zu essen, und das Recht, in der heiligen Stadt zu wohnen.
20 Der, der sich für die Wahrheit aller dieser Dinge verbürgt, sagt: „Ja, ich
komme bald." – „Amen. Ja, komm, Herr Jesus!"
21 Die Gnade des Herrn Jesus sei mit allen.

Bibelgespräch

(30–40 Minuten)
Wählen Sie ggf. unter den Fragen aus.

1. Welche Worte Jesu werden in diesem Schlussabschnitt dreimal wiederholt (V. 7. 12.20)? Inwiefern könnte man sie als eine Art Zusammenfassung der ganzen Offenbarung verstehen?

2. Was besagen die Selbstbezeichnungen Jesu in diesem Abschnitt?

3. Könnte es jemals für einen Menschen zu spät sein, sein Leben zu ändern und zu Christus zu kommen?

4. Wie würden Sie einem ganz und gar unreligiösen Menschen erklären, was ein Götze ist und warum er keine Götzen haben sollte (vgl. Jes 44,6 ff.)?

Austausch

(15 – 20 Minuten) Wählen Sie ggf. unter den Fragen aus. Sie können das Gespräch mit einem gemeinsamen Gebet abschließen.

1. Welche Gefühle oder Gedanken löst die Ankündigung der bald erfolgenden Wiederkunft Jesu in Ihnen aus?

2. Hat sich Ihre Wahrnehmung von Jesus und seinem Gegenspieler, von Himmel und Hölle, von Gegenwart und Zukunft und dem Ziel der Weltgeschichte durch die Auseinandersetzung mit der Offenbarung verändert? Inwiefern?

3. Würde Ihnen etwas fehlen, wenn man die Offenbarung aus der Bibel streichen würde? Wenn ja, was? Wenn nein, warum nicht?

4. Wollen Sie als Gruppe weiter zusammenbleiben und sich einem neuen Thema zuwenden?

5. Gibt es ein Gebetsanliegen, das Sie für die kommenden Wochen gerne noch nennen würden?

ERLÄUTERUNGEN

22,7-21. Die Schlussverse im Buch der Offenbarung haben die Form eines Nachwortes. Es besteht aus einer Reihe von Aufrufen und Bekräftigungen, die lose zusammengestellt sind und die Echtheit der Prophetie und die Gewissheit der Wiederkunft Jesu bestätigen. Es ist größtenteils eine Wiederholung dessen, was bereits gesagt wurde.

22,7. Ich komme bald. Der wiederkommende Christus bestätigt seine Worte vom Beginn des Buches (2,16; 3,11). Deshalb muss seine Gemeinde wachsam und stets bereit für seine Wiederkunft sein. Vgl. 1 Kor 7,29-31; 1 Thess 4,15. **glücklich, wer…** Die Worte bilden die sechste Seligpreisung in der Offenbarung. **wer sich nach diesem Buch mit seiner prophetischen Botschaft richtet.** Ziel des Buches ist es nicht, die Gemeinde im Detail darüber zu informieren, was in den letzten Tagen der Weltgeschichte geschehen wird. Die Leser sollen vielmehr eingeladen werden, gerade im Kampf mit dem Bösen, den sie zu bestehen haben, ihr Vertrauen auf Christus zu setzen.

22,8. Noch einmal, wie bereits zu Beginn des Buches (Offb 1,1.4), betont Johannes seine Glaubwürdigkeit als Zeuge und seine Autorschaft. Dazu ist lediglich sein Name notwendig. Die Gemeinden wissen, wer er ist. **gehört und gesehen.** Dieses Buch ist die Aufzeichnung der Auditionen und Visionen, die Johannes erlebt hat. Es ist kein Fantasieprodukt. Es ist auch nicht ein literarisches Werk, das sich vom Alten Testament her völlig ableiten lässt. Johannes hat vielmehr eine Art „Protokoll“ der Offenbarung niedergeschrieben, die ihm zuteilgeworden ist.

22,10. wird sich bald erfüllen. Erneut betont Johannes, dass die Wiederkunft Jesu nahe bevorsteht. Dabei muss man sich vor Augen halten, dass die Offenbarung eine zweifache Perspektive hat: Sie spricht vor allen Dingen vom Kampf zwischen Christus und dem Antichristen, der am

Ende der Zeit zu seinem Höhepunkt kommt. Aber dieser Kampf ereignete sich auch schon zwischen der Kirche und dem Staat im 1. Jahrhundert und wiederholt sich immer wieder, z. B. wenn ein Staat totalitäre Ansprüche erhebt. In dieser Hinsicht steht das Ende immer nahe bevor.

22,13. das A und das O. Vgl. zu Offb 21,6.

22,14. glücklich, wer… Eine siebte und letzte Seligpreisung im Buch der Offenbarung. **seine Kleider wäscht.** Eine Anspielung auf 3,4 und 7,14. Glücklich gepriesen werden Menschen, die durch den Glauben Anteil haben am Erlösungswerk Jesu.

22,16. Erneut spricht Jesus selbst und bestätigt die Echtheit des Buches. Er wiederholt, was in Offb 1,1 gesagt ist: Diese Vision kommt von ihm selbst und wird Johannes und seiner Gemeinde durch einen Engel vermittelt. **der Nachkomme Davids, der Spross aus seinem Wurzelstock.** Jesus ist der messianische König aus der Linie Davids (Mt 1,1; 9,27; 15,22; 21,9; Röm 1,3; Offb 5,5). Das Bild des Schösslings, der erneut aus dem abgehauenen Baumstumpf der Familie Davids wächst, ist Jes 11,1 entnommen. **der helle Morgenstern.** Vgl. 4 Mo 24,17.

22,17. Es gibt zwei Möglichkeiten, diesen Vers zu verstehen. 1. Der Geist, die Braut (die Gemeinde) und die Leser des Buches rufen Jesus an und bitten darum, dass er bald wiederkommt. Oder 2.: Die Einladung „Komm!" ergeht an alle Menschen, die Anteil am Baum des Lebens möchten (V. 12.20). Die zweite Auslegung vermeidet einen abrupten Bruch zwischen dem ersten und dem zweiten Teil des Verses. Ein überwältigendes Bild bietet sich: Der Heilige Geist, die Gemeinde und alle, die dieses Buch lesen, laden die nicht glaubende Welt ein, sich wahres Leben schenken zu lassen.

22,18.19. Eine Warnung wird mit dem Buch verbunden. Niemand soll seinen Inhalt verfälschen. Es darf nichts hinzugefügt oder entfernt werden (vgl. 5 Mo 4,2). Das ist eine wirkliche Versuchung bei einem Buch wie diesem, dessen Botschaft geheimnisvoll, manchmal hart und oft schwer zu verstehen ist. Allzu leicht neigt man dazu, Aussagen wegzulassen oder wegzuerklären, die nicht mit der eigenen Glaubensüberzeugung übereinstimmen. Oder man könnte versucht sein, weitere „Prophetien" hinzuzufügen und ihnen die gleiche Bedeutung zu geben wie dem Buch selbst. Die warnenden Worte waren schon im 1. Jahrhundert, in dem es einen regen apokalyptischen Literaturbetrieb gab, überaus wichtig und für jeden nachvollziehbar. **und wer von der… Botschaft… etwas wegnimmt.** Der zweite Teil der Warnung (davor, etwas vom Ganzen der Offenbarung wegzunehmen) ist besonders an die gerichtet, die zwar glauben, aber mit einzelnen Aussagen Probleme haben und sie darum am liebsten verschweigen wollen.

22,20. Zum dritten Mal in diesem Schlusswort wird der Leser daran erinnert, dass Jesus bald wiederkommen wird. **Amen! Ja, komm, Herr Jesus!** Der Wunsch des Johannes ist: „So soll es sein. Lass es geschehen. Komm, Herr Jesus!" Die Sehnsucht nach der Wiederkunft Christi ist ein Kernstück des christlichen Glaubens. Ohne diese Perspektive bliebe die Erlösung für immer unvollständig. „Wir wissen nicht, was kommt, aber wir wissen, wer kommt!" Dass Jesus wiederkommt, ist die einzige gewisse Hoffnung für die Zukunft der Welt.

Zu den Erläuterungen

Erläuterungen zu einem Buch wie der Offenbarung des Johannes zu schreiben, ist eine schwierige Sache, ja, eigentlich eine Aufgabe, der man nicht gerecht werden kann. Zum einen besteht keine einheitliche Ansicht darüber, wie dieses Buch auszulegen ist. Zum anderen ist uns heute die Literaturgattung der Apokalyptik fremd geworden. Wir wissen ganz einfach nicht, wie wir mit ihr richtig umgehen sollen. Erschwerend kommt hinzu, dass das Symbolsystem der Offenbarung zu weit von unserer Lebenswelt entfernt ist, als dass wir es sicher entschlüsseln könnten. Zudem gibt es stark unterschiedliche Auslegungsschulen. Einer Richtung zu folgen, heißt automatisch, die andere abzulehnen. Darum ist es nicht möglich, Erläuterungen zur Offenbarung zu schreiben, die jedermann zufriedenstellen. Die Erläuterungen können auch keineswegs die ganze Breite und Größe der Vision erfassen, die in diesem Buch vermittelt wird. Sie werden deshalb im klaren Bewusstsein angeboten, dass sie lediglich einen Versuch darstellen.

Nachdem dies gesagt ist, muss nun aber auch betont werden, dass diese Schwierigkeiten im Wesen der Vision und des Symbols selbst liegen. Beide können mit dem Verstand allein nicht erfasst werden. Es liegt in ihrem Wesen begründet, dass sie mehrere Bedeutungen annehmen können. Diese Erläuterungen versuchen, das Bedeutungsspektrum des Symbols grob zu umreißen. Der Leser muss sich allerdings selbst dem Text stellen und ihm gestatten, seine Wirkung zu entfalten. Das Buch der Offenbarung ist genauso Gottes Wort wie die Evangelien oder die Briefe im Neuen Testament. Wenn wir Geduld haben, wird es uns Gottes Wege offenbaren – trotz aller Schwierigkeiten bei der Auslegung und trotz der Fremdartigkeit seines Inhaltes.

Es soll damit aber nicht der Eindruck entstehen, dass im letzten Buch der Bibel alles unklar und dunkel sei. Die großen Themen sind überdeutlich: Gott hält die Geschichte in seinen Händen. Sie läuft auf ein Ende zu, das Böse wird bestraft, und es gibt Hoffnung für alle, die zu Christus gehören. Wenn man versucht, dieses Buch im Bewusstsein der leidvollen Erfahrungen der Christen des 1. Jahrhunderts zu lesen, erkennt man die feste Hoffnung, die es ihnen geben konnte. Die schwierigen Umstände, unter denen sie ihren Glauben leben mussten, sind der Kontrolle Gottes nicht entzogen.

Das Böse scheint zwar manchmal über die Gemeinde zu siegen, aber seine Macht ist begrenzt und hat keine Zukunft. Dem Bösen zu widerstehen, kann Menschen sogar das Leben kosten. Gottes Volk wird leiden, aber das ist nicht das letzte Wort. Die Christen werden in Gottes neuer Welt regieren, wo ihnen Gott auf ewig Heil und Frieden schenken wird. Die Geschichte ist nicht außer Kontrolle. Auch wenn es sicherlich Zerstörung und Verführung gibt, ist Gott der Herr über Zeit und Ewigkeit. Die Geschichte wird eines Tages zu ihrem Ende kommen. Ein neuer Himmel und eine neue Erde werden erschaffen. Es ist das Lamm Gottes selbst, das dafür bürgt.

Die Offenbarung ist ein Buch voller Symbole und Bilder. Wir dürfen nicht versuchen, Aussagen oder Symbole einzelnen historischen Ereignissen zuordnen zu wollen. In diesem Bemühen würden wir das eigentliche Ziel des Buches übersehen. Die Offenbarung ist definitiv kein Weltuntergangsfahrplan, und alle Versuche, sie so zu lesen, sind in der Geschichte der Kirche kläglich gescheitert. Es ist also nicht möglich, eine strenge chronologische Reihenfolge der Ereignisse des Endes festzulegen (die Offenbarung gibt eher eine Reihe von „Schnappschüssen" der verschiedenen Ereignisse, nicht eine gradlinige Geschichte). Dennoch sind die Schlüsselereignisse klar. Fremdartige, bedrückende Ereignisse geschehen. Die bedrängenden Ereignisse nehmen an Intensität zu bis zu einer letzten großen Notzeit, die sich über die ganze Welt erstreckt. Das Böse scheint für eine kurze Zeit zu regieren. Die Gemeinde wird verfolgt, der Märtyrertod ist an der Tagesordnung. Aber dann wird „Babylon" niedergeworfen, und der Tag der Erlösung rückt näher. Jesus kommt mit seinen Absichten Schritt für Schritt zum Zuge, und zwar auch schon im Leiden seiner Kinder. Der Tag des Gerichts bricht an, und das neue Jerusalem erscheint. So beginnt eine völlig neue Zeit – eine Zeit, die sich in Ewigkeit erstreckt und in der die Glaubenden die ungehinderte Gegenwart Gottes erleben und genießen. Das Wasser des Lebens fließt mitten durch die Stadt Gottes.

Der Zugang zur Offenbarung, der für dieses Heft maßgeblich war, versucht sowohl der Vergangenheit wie auch der Zukunft ihr Recht zu geben. Die Offenbarung wird so verstanden, dass sie sowohl von der unmittelbaren Gegenwart des 1. Jahrhunderts als auch von den großen Ereignissen der Zukunft spricht. Wie die alttestamentliche Prophetie, die diesem Buch vorausging, fügt sie die unmittelbare und die ferne Zukunft zusammen, ohne besonders auf den Zeitraum dazwischen zu achten. So ist etwa das Tier in Kap. 13 sowohl Rom (die tyrannische Weltmacht des 1. Jahrhunderts) als auch der Antichrist, der am Ende der Zeit erscheinen wird. Der Leser ist also nicht aufgefordert, auf die Suche nach spezifischen Einzelereignissen zu gehen, sondern Strukturen zu entdecken, die die Geschichte beharrlich durchziehen und die sich auch benennen lassen.

Eben dies will und tut auch Johannes in seiner Schrift. Dabei steht er auf dem Fundament des Glaubens an Jesus Christus, der das eigentliche Thema der vorliegenden „Enthüllung" ist. Jesus Christus ist der Herr, der mit dieser Welt und unserem Leben zu seinem Ziel kommt und der unser Vertrauen verdient. Durch die Höhen und besonders auch die Tiefen der Geschichte hindurch können wir uns auf ihn verlassen, und jeder Schritt im Glauben ist ein Schritt auf ihn zu, auch wenn er von Anfechtungen gekennzeichnet ist. „Selbst wenn ich durch ein finsteres Tal gehen muss, wo Todesschatten mich umgeben, fürchte ich mich vor keinem Unglück, denn du, Herr, bist bei mir! Dein Stock und dein Hirtenstab geben mir Trost" (Ps 23,4).